करियर विकल्प
कक्षा 12 के बाद

संपादक

डॉ. एल. एम. जोशी

डॉ. मो. रिजवान

सौजन्य-

दिशा गाइडेंस एंड काउंसलिंग

101–02, मुखानी बाईपास रोड, हीरानगर,

हल्द्वानी, जिला–नैनीताल (उत्तराखण्ड)–263139

संपर्क : 9719146010

ई–मेल : info@dishaguidance.com

PRACHI
DIGITAL PUBLICATION

ISBN : 9788198849892
Edition : First, July 2025
Title : Career Vikalp-Kaksha 12 Ke Baad
Editors : Dr. L. M. Joshi, Dr. Mohd. Rizwan

Published by

PRACHI
DIGITAL PUBLICATION

Regd. Add.: 254, Khuriyakhatta No. 10, Bindukhatta,
Lalkuan, Nainital - 262402, Uttarakhand, India
Website : www.prachidigital.com
E-mail : info@prachidigital.in
Phone : +91 976041 7980, +91 976041 8103

Printed by :
Manipal Technologies Limited, Bengaluru - 560001, Karnataka

अनुक्रमणिका

1. करियर प्लानिंग क्यों आवश्यक है?

करियर प्लानिंग का सम्बन्ध केवल नौकरी चुनने से नहीं है, बल्कि यह एक जीवन को आकार देने की प्रक्रिया है। आज की तेजी से बदलती दुनिया में युवाओं के सामने कई विकल्प एवं कई अनिश्चितताएं हैं। करियर प्लानिंग ऐसे समय में युवाओं को स्पष्टता, दिशा और आत्मविश्वास देती है। करियर प्लानिंग युवाओं की निम्न प्रकार से सहायता करती है;

1. उद्देश्य की स्पष्टता

करियर प्लानिंग युवाओं को उनकी क्षमताओं, रुचियों तथा मूल्यों को समझने में सहायता करती है। करियर प्लानिंग यह जानने की प्रक्रिया है कि उन्हें वास्तव में किस चीज़ से प्रेरणा मिलती है – ताकि वे केवल नौकरी न करें बल्कि एक ऐसा रास्ता चुनें जिससे उन्हें जीवन अर्थपूर्ण लगे।

2. सही समय पर सही निर्णय

युवाओं को चाहे स्कूल में विषय चुनने हों या उन्हें नौकरी बदलने पर विचार करना हो, पहले से सोच विचार कर लिए गए निर्णय भविष्य की उलझनों और पछ्तावों से बचाते हैं तथा यह व्यक्ति को उसके दीर्घकालिक लक्ष्यों के अनुरूप निर्णय लेने में भी सक्षम बनाती है।

"जिस प्रकार एक मछली को पेड़ पर चढ़ने को कहना गलत है- ठीक उसी प्रकार हर बच्चे से एक जैसी उम्मीद करना भी गलत है। इसलिए हर बच्चे के एक सफल भविष्य के लिए सही करियर मार्गदर्शन बहुत ज़रूरी है।"

3. आत्मबोध और विकास

स्वयं के मूल्यांकन, चिंतन तथा मार्गदर्शन के माध्यम से करियर प्लानिंग यह जानने में सहायता करती है कि हम वास्तव में कौन हैं, और क्या बन सकते हैं ? यह आत्म–विकास को प्रोत्साहित करती है और व्यक्तिगत क्षमता में विश्वास बढ़ाती है।

4. लक्ष्य निर्धारण और दिशा

करियर प्लानिंग के बिना, एक प्रीतिभावान व्यक्ति भी दिशाविहीन हो सकता है। करियर प्लानिंग एक रोडमैप प्रदान करती है, जो सपनों को स्पष्ट एवं क्रियान्वित करती है। यह अनुमान लगाने के स्थान पर व्यक्ति के करियर उद्देश्य को प्राथमिकता देती है ।

5. परिवर्तनशील समाज में अनुकूलनशीलता प्रदान करना

आज के गतिशील नौकरी बाजार में करियर पथ सीधा – सीधा नहीं होता है। करियर प्लानिंग व्यक्तियों को उनकी बदलती क्षमताओं के अनुसार नए अवसरों से जोड़ने में सहायता करती है।

6. तनाव और चिंता में कमी

भविष्य को लेकर अनिश्चितता छात्रों और अभिभावकों के लिए एक सामान्य तनाव का कारण होती है। एक ठोस करियर प्लानिंग मानसिक शांति लाती है और परिवारों को सहयोग एवं आशा का अनुभव कराती है।

- ❖ कक्षा 10 और 12 के 95 प्रतिशत छात्र अपने भविष्य को लेकर भ्रमित रहते हैं। (स्त्रोत : एनसीआरटी अध्ययन)

- ❖ भारत में लगभग 80 प्रतिशत स्नातक बेरोजगार या अर्द्ध रोजगार की स्थिति में है, जिसका मुख्य कारण स्किल और करियर मार्गदर्शन की कमी है। (स्त्रोत : इण्डिया स्किल्स रिपोर्ट)

2. करियर विकल्पों को प्रभावित करने वाले कारक

करियर का चुनाव जीवन के सबसे महत्वपूर्ण निर्णयों में से एक है और यह कभी भी आसान नहीं होता है। करियर विकल्प व्यक्ति के व्यक्तिगत, सामाजिक और बाहरी कारकों के मिश्रण से निर्मित होते हैं। इन प्रभावों की समझ व्यक्ति को अपने भविष्य के बारे में बेहतर और उचित निर्णय लेने में सहायता करती है। निम्नलिखित कारक करियर विकल्पों को प्रभावित करते हैं।

1. व्यक्तिगत लगन एवं रुचियाँ

जो चीज़ किसी व्यक्ति को गहराई से उत्साहित करती है, वह उसके करियर पथ को भी गहराई से प्रभावित करती है। जब लोग वही करते हैं जो उन्हें पसंद होता है, तो वे अधिक उत्साहित रहते हैं, कड़ी मेहनत करते हैं और अपने क्षेत्र में दीर्घकालिक संतुष्टि प्राप्त करते हैं। जैसा कि किसी ने ठीक ही कहा है **"वो काम चुनो जिसे तुम सबसे ज्यादा प्यार करते हो, फिर तुम्हें अपने जीवन में एक दिन भी काम नहीं करना पड़ेगा।"**

2. योग्यता एवं कौशल

हर व्यक्ति के भीतर कुछ विशेष क्षमताएं एवं संभावनाएं होती हैं। कुछ विश्लेषणात्मक होते हैं, कुछ रचनात्मक या व्यावहारिक होते हैं। आत्म–मूल्यांकन या सायकोमैट्रिक परीक्षण के माध्यम से अपनी प्रतिभाओं एवं क्षमताओं को पहचानना करियर की दिशा तय करने में सहायक होता है।

3. पारिवारिक और सांस्कृतिक अपेक्षाएँ

अक्सर माता–पिता और परिवार के सदस्य करियर निर्णयों में बड़ी भूमिका निभाते हैं। सांस्कृतिक मूल्य और सामाजिक मानदंड यह तय करते हैं कि कौन–सा करियर "सम्मानजनक" या "सुरक्षित" होता है . जो कभी व्यक्ति की स्वाभाविक पसंद का समर्थन करता है और कभी उसकी पसंद को अस्वीकार कर देता है।

4. शिक्षा एवं उच्च शैक्षणिक प्रदर्शन

व्यक्ति की गुणवत्तायुक्त शिक्षा तक पहुंच और प्रमुख विषयों में उसका बेहतर प्रदर्शन यह निर्धारित कर सकता है कि कौन–से करियर विकल्प उसके लिए भविष्य में उपलब्ध होंगे। एक ठोस शैक्षणिक आधार व्यक्ति के लिए अधिक व्यापक करियर अवसरों को उपलब्ध कराता है।

5. आर्थिक स्थिति और नौकरी बाज़ार की आवश्यकताएँ

किसी एक विशेष क्षेत्र या किसी एक क्षेत्र में नौकरी की उपलब्धता करियर विकल्पों को गहराई से प्रभावित कर सकती है। नौकरी की स्थिरता, वेतन और विशेष भूमिकाओं में कार्य करने की इच्छा व्यक्ति के व्यावहारिक निर्णयों को

प्रभावित करती है।

6. सहपाठियों एवं सामाजिक परिवेश का प्रभाव

व्यक्ति के मित्र और सहपाठी यह प्रभावित कर सकते हैं कि वह किसी करियर को कैसे देखता है। कभी–कभी लोग दूसरों के लक्ष्यों से प्रेरित हो जाते हैं या लोकप्रिय विकल्पों के दबाव में आकर निर्णय ले लेते हैं . भले ही वे उनके अपने कौशल से मेल न खाते हों।

7. व्यक्तित्व और कार्यशैली

कुछ लोग संरक्षित वातावरण में अच्छा कार्य करते हैं, जबकि कुछ को लचीलापन या स्वतंत्रता पसंद होती है। यह समझना कि व्यक्ति की स्वाभाविक कार्यशैली अधिक जन–केंद्रित है या कार्य केंद्रित है, करियर चयन में उसकी सहायता कर सकता है।

8. बाहरी अनुभव एवं जागरूकता

अक्सर छात्र वही विकल्प चुनते हैं जिनके विषय में वे जानते हैं। यदि उन्हें करियर के विविध विकल्पों से परिचित नहीं कराया गया हो तो उनके निर्णय सीमित हो सकते हैं। करियर गाइडेंस व्यक्ति की इस जागरूकता को बढ़ाने में महत्वपूर्ण भूमिका निभाता है।

- हुनर आधारित और व्यवसायिक करियर (जैसे प्लम्बर, इलैक्ट्रीशियन, डिजिटल मार्केटर आदि) की मांग हर साल 25 प्रतिशत की दर से बढ़ रही है। लेकिन इसके प्रति सामाजिक जागरूकता अभी भी कम है।

(स्त्रोत : एनएसडीसी और स्किल इण्डिया रिपोर्ट)

3. विषय क्षेत्र/स्ट्रीम और करियर संभावनाएँ

विद्यालयी शिक्षा के दौरान सही विषय क्षेत्र/स्ट्रीम का चयन करना एक सफल करियर की दिशा में महत्वपूर्ण कदम होता है। प्रत्येक स्ट्रीम शैक्षणिक और व्यावसायिक अवसरों के अनेक द्वार खोलती है। हर स्ट्रीम की उपलब्ध संभावनाओं को समझकर छात्र अधिक सूझ–बूझ और आत्मविश्वास के साथ निर्णय ले सकते हैं।

1. विज्ञान (Science) स्ट्रीम

विज्ञान स्ट्रीम उन छात्रों के लिए उपयुक्त है जो जिज्ञासु, विश्लेषणात्मक होते हैं और यह जानने में रुचि रखते हैं कि दुनिया कैसे काम करती है। इसमें मुख्य विषय होते हैं: भौतिकी (Physics), रसायन विज्ञान (Chemistry), जीवविज्ञान (Biology), और गणित (Mathematics)।

विज्ञान के अंतर्गत करियर विकल्प:

- इंजीनियरिंग (सिविल, कंप्यूटर, मैकेनिकल आदि)
- चिकित्सा और संबद्ध स्वास्थ्य विज्ञान (डॉक्टर, फिजियोथेरेपिस्ट, लैब तकनीशियन)
- अनुसंधान और अकादमिक क्षेत्र
- डेटा साइंस और सूचना प्रौद्योगिकी (IT)
- पर्यावरण विज्ञान, फॉरेंसिक साइंस, जैव प्रौद्योगिकी

अवसर:

विज्ञान स्ट्रीम में लचीलापन होता है। छात्र चाहें तो बाद में कॉमर्स या कला में भी जा सकते हैं। यह NEET, JEE जैसी प्रतियोगी परीक्षाओं और सरकारी नौकरियों की तैयारी के लिए भी ठोस आधार देती है।

2. वाणिज्य (Commerce) स्ट्रीम

कॉमर्स उन छात्रों के लिए उपयुक्त है जिन्हें व्यापार, वित्त, अर्थशास्त्र और प्रबंधन में रुचि होती है। इसके मुख्य विषय होते हैं: लेखाशास्त्र (Accountancy), अर्थशास्त्र (Economics), व्यवसाय अध्ययन (Business Studies), और गणित (Mathematics)।

कॉमर्स के अंतर्गत करियर विकल्प:

- चार्टर्ड अकाउंटेंट (CA) कंपनी सेक्रेटरी (CS), कॉस्ट अकाउंटेंट
- बैंकिंग और वित्तीय सेवाएं
- व्यवसाय प्रबंधन और उद्यमिता
- अर्थशास्त्र और सांख्यिकी
- मार्केटिंग, विज्ञापन और डिजिटल बिजनेस

अवसर:

कॉमर्स स्नातक (Graduates) की मांग सार्वजनिक और निजी दोनों क्षेत्रों में रहती है। छात्र आगे चलकर MBA/ CA/ CFA जैसे व्यावसायिक पाठ्यक्रमों की ओर भी बढ़ते हैं।

3. मानविकी / कला (Humanities/Arts) स्ट्रीम

मानविकी स्ट्रीम में इतिहास, राजनीतिक विज्ञान, मनोविज्ञान, समाजशास्त्र, साहित्य और भूगोल जैसे विषय शामिल होते हैं। यह स्ट्रीम आलोचनात्मक सोच, रचनात्मकता और समाज व मानव व्यवहार की समझ को प्रोत्साहित करती है।

कला के अंतर्गत करियर विकल्प:

- सिविल सेवाएं (IAS/ IPS/ IFS)
- मनोविज्ञान और काउंसलिंग
- कानून और विधि अध्ययन
- पत्रकारिता, मीडिया और संचार
- शिक्षण, अनुसंधान और सामाजिक कार्य
- डिज़ाइन, ललित कला और प्रदर्शन कला

अवसर:

मानविकी स्ट्रीम सामाजिक क्षेत्र, नीति–निर्माण, शिक्षा, रचनात्मक पेशों और प्रशासनिक सेवाओं में करियर के व्यापक विकल्प प्रदान करती है।

उदारी कला (Liberal Arts) और अंतर्विषयक अध्ययन (Interdisciplinary Studies) में बढ़ती रुचि के साथ, कला के छात्र सार्वजनिक नीति, रचनात्मक उद्योगों, शिक्षा, और सामाजिक प्रभाव वाले संगठनों में विविध पेशेवर भूमिकाओं को तलाश सकते हैं।

व्यावसायिक और कौशल–आधारित पाठ्यक्रम

व्यावसायिक शिक्षा (Vocational Education) का उद्देश्य व्यावहारिक कौशल और उद्योग–विशिष्ट प्रशिक्षण प्रदान करना होता है। व्यावसायिक पाठ्यक्रमों में विषय–वस्तु एवं प्रशिक्षण कार्यक्षेत्रों के आधार पर परिवर्तित होते रहते हैं — जैसे सूचना प्रौद्योगिकी (IT), हॉस्पिटैलिटी, स्वास्थ्य सेवा, या डिज़ाइन आदि।

व्यावसायिक शिक्षा के अंतर्गत करियर विकल्पः

- इलेक्ट्रिशियन, तकनीशियन, प्लंबर
- ग्राफिक डिज़ाइनर, फैशन डिज़ाइनर
- होटल प्रबंधन और पाक कला (कुलिनरी आर्ट्स)
- कंप्यूटर प्रोग्रामिंग और वेब डेवलपमेंट
- पैरामेडिकल और सहायक स्वास्थ्य सेवाएं

अवसरः

इन पाठ्यक्रमों के माध्यम से छात्रों को तेज़ी से नौकरी बाज़ार में प्रवेश मिलता है और ये अक्सर पारंपरिक डिग्री की तुलना में अधिक किफायती होते हैं। इनमें से कई कोर्स उद्यमिता (Entrepreneurship) और स्वरोज़गार (Self–Employment) के अवसरों से भी जुड़े होते हैं, जिससे छात्र अपनी सेवाएं या व्यवसाय शुरू कर सकते हैं।

4. सही करियर कैसे चुनें

सही करियर का चुनाव जीवन के सबसे महत्वपूर्ण निर्णयों में से एक है, जो अक्सर सबसे कठिन होता है। बहुत सारे उपलब्ध करियर विकल्पों तथा सामाजिक दबावों के कारण व्यक्ति में तनाव उत्पन्न होना सामान्य बात है। इस दिशा में एक सोच–समझ कर उठाया गया कदम इस प्रक्रिया को अधिक स्पष्ट और प्रभावी बना सकता है। इस प्रक्रिया हेतु एक व्यक्ति को निम्नांकित बिंदुओं पर ध्यान देना चाहिए;

1. स्वयं को जानें (Know Yourself)

व्यक्ति द्वारा अपनी रुचियों, क्षमताओं, व्यक्तित्व एवं मूल्यों को समझना सबसे प्रमुख कदम है। जब आपके द्वारा चुना गया व्यवसाय/काम आपके आंतरिक स्वभाव से मेल खाता है, तभी उसमें आपको संतोष और सफलता प्राप्त होती है।

स्वयं से पूछें–

- मुझे कौन–कौन से विषय या गतिविधियाँ सबसे अधिक पसंद हैं?
- मैं स्वाभाविक रूप से किस चीज़ में अच्छा/अच्छी हूँ?
- मुझे किस प्रकार के माहौल में कार्य करना पसंद है? समूह में, अकेले में, रचनात्मक या व्यवस्थित माहौल में।

Career Planning Model

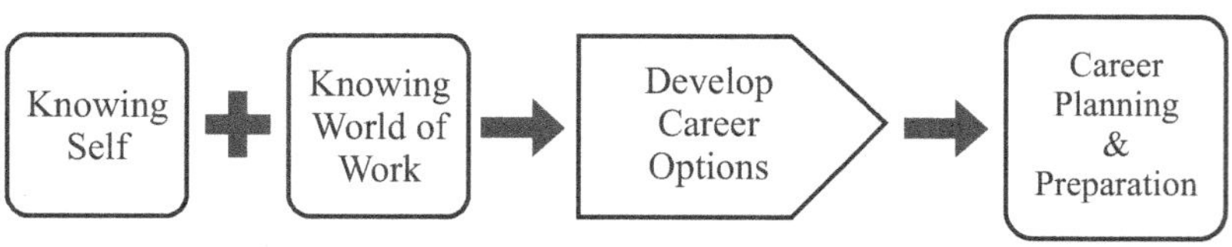

सहायक परीक्षण –

स्वयं की रूचियों, क्षमताओं, व्यक्तित्व आदि के निर्धारण हेतु उपयोग में लाये जाने वाले परीक्षण

- रुचि सूचक (Interest Inventories)
- योग्यता परीक्षण (Aptitude Tests)
- व्यक्तित्व आकलन परीक्षण (Personality Assessments)

- SWOT विश्लेषण (Strengths, Weaknesses, Opportunities & Threats)

2. करियर विकल्पों को गहनता से खोजें (Explore Career Options)

जब आप स्वयं की अन्तर्निहित प्रवृतियों के बारे में जान जाते हैं, तब आप विभिन्न उपलब्ध करियर क्षेत्रों की जानकारी लेना शुरू करें। आप पारंपरिक विकल्पों से आगे बढ़कर नए और उभरते हुए क्षेत्रों को भी जानें।

आप निम्न बातों को स्वयं खोजें–

- उस करियर में लोग रोज़ क्या काम करते हैं?
- उस काम के लिए कौन– कौन से कौशल और योग्यताएँ चाहिए होती हैं?
- उस क्षेत्र में भविष्य में रोज़गार की मांग कैसी है?
- उस काम में कार्य–जीवन संतुलन (Work & life balance) और तरक्की (Growth) के अवसर कैसे हैं?

3. करियर सम्बंधी विषय (Stream) तथा प्राप्त शिक्षा से मिलान करें (Match Career with Stream and Education)

हर करियर के लिए एक अलग विषय आधारित शिक्षा की आवश्यकता होती है। व्यक्ति को यह समझना आवश्यक है कि उसके द्वारा चुनी गयी स्ट्रीम (जैसे विज्ञान, वाणिज्य, मानविकी) उसके द्वारा चुने गए लक्ष्य से किस प्रकार जुड़ती है।

उदाहरण के लिए–

- मेडिसिन के क्षेत्र में करियर बनाने के लिए साइंस में बायोलॉजी आवश्यक है।
- लॉ के क्षेत्र में करियर किसी भी स्ट्रीम से बनाया जा सकता है।
- डिज़ाइन या एनीमेशन के क्षेत्र में अंकों से ज़्यादा छात्र का पोर्टफोलियो (उसके द्वारा उस क्षेत्र में किया गया कार्य) महत्व रखता है।

4. वास्तविक जीवन का अनुभव लें (Take Real World Exposure)

वास्तविक जीवन में किसी क्षेत्र को अनुभव करने से यह तय करना आसान हो जाता है कि वह क्षेत्र आपके लिए उचित है या नहीं।

निम्न बातों की कोशिश करें–

- करियर टॉक्स और वर्कशॉप में भाग लें
- उस क्षेत्र के प्रोफेशनल्स से बात करें
- इंटर्नशिप या वालंटियर प्रोग्राम्स में शामिल हों
- किसी पेशेवर के साथ एक दिन कार्य पर जायें (Job Shadowing)

5. विशेषज्ञों और मेंटर्स से बात करें (Talk to Experts and Mentors)

एक व्यक्ति को कभी–कभी करियर सम्बन्धी बातों के लिए बाहरी व्यक्ति के दृष्टिकोण को समझने की भी आवश्यकता होती है। इस कार्य हेतु करियर काउंसलर, शिक्षक, मेंटर्स और परिवार के सदस्य उसको मार्गदर्शन देने में सहायक हो सकते हैं।

व्यक्ति को करियर काउंसलिंग से होने वाले लाभ–

- सोच स्पष्ट होती है।
- परीक्षण एवं मूल्यांकनों के आधार पर उपयुक्त करियर सुझाव मिलते हैं।
- कोर्स, कॉलेज और नौकरियों के सम्बन्ध में जानकारी मिलती है
- अल्पकालिक और दीर्घकालिक योजनाएँ बनाने में सहायता मिलती है

6. स्पष्ट, व्यावहारिक और लचीला स्वभाव रखें (Stay Open and Flexible)

व्यक्ति द्वारा लिया गया कोई भी करियर निर्णय अंतिम नहीं होता। लोग समय के साथ कार्य–क्षेत्र बदलते हैं, नई रुचियाँ खोजते हैं और खुद को नए वातावरण में ढ़ालते हैं। इन सब बातों के लिए यह आवश्यक है कि आप सदैव एक जिज्ञासु बने रहें, सीखने के लिए तत्पर रहें और परिवर्तन को स्वीकार करें।

❖ भारत में 15 लाख से अधिक स्कूल हैं लेकिन उनमें से केवल 10 प्रतिशत से भी कम स्कूलों में करियर मार्गदर्शन की सुविधा उपलब्ध है। (स्त्रोत : शिक्षा मंत्रालय)

❖ राष्ट्रीय शिक्षा नीति 2020 में करियर गाइडेंस को स्कूल स्तर पर लागू करने की सिफारिश की गई है, जिससे बच्चों को जल्द ही अपने रूचि आधारित करियर की पहचान मिल सके। (स्त्रोत : राष्ट्रीय शिक्षा नीति 2020)

5. कक्षा 10 के बाद करियर विकल्प

छात्र जीवन में 10वीं कक्षा उत्तीर्ण करना एक महत्वपूर्ण मोड़ होता है, जो आगे की पढ़ाई और करियर की नींव रखता है। इस कक्षा के बाद छात्रों के पास अपनी रुचियों, क्षमताओं और करियर की आकांक्षाओं को पूरा करने के लिए कई मार्ग खुलते हैं। अपने आस–पास उपलब्ध करियर विकल्पों को समझकर ही सही निर्णय लिया जा सकता है जो एक सफल भविष्य की दिशा तय करता है। कक्षा 10 उत्तीर्ण करने के पश्चात छात्रों को निम्न अवसर प्राप्त होते हैं;

1. शैक्षणिक स्ट्रीम का चयन करें (Choose Academic Streams)

अधिकतर छात्र 11वीं, 12वीं में प्रवेश लेकर, निम्नलिखित तीन मुख्य स्ट्रीम में से एक का चयन करते हैं:

- **विज्ञान वर्ग (Science Stream)**
  भौतिकी, रसायन, जीवविज्ञान और गणित जैसे विषयों में रुचि रखने वाले छात्रों के लिए यह वर्ग इंजीनियरिंग, चिकित्सा, अनुसंधान, IT जैसे क्षेत्रों के लिए द्वार खोलता है।
- **वाणिज्य वर्ग (Commerce Stream)**
  लेखाशास्त्र, व्यवसाय अध्ययन, अर्थशास्त्र और गणित पर केंद्रित यह वर्ग वित्त, व्यवसाय, कानून, प्रबंधन आदि में रुचि रखने वालों के लिए उपयुक्त है।
- **मानविकी / कला वर्ग (Humanities/Arts Stream)**
  इतिहास, भूगोल, राजनीति विज्ञान, मनोविज्ञान और समाजशास्त्र जैसे विषयों से भरपूर यह वर्ग समाजशास्त्र, मीडिया, शिक्षा, कानून और रचनात्मक क्षेत्रों में रुचि रखने वाले छात्रों के लिए आदर्श है।

2. व्यावसायिक पाठ्यक्रम और डिप्लोमा प्रोग्राम (Vocational Courses and Diploma Programs)

वे छात्र जो जल्दी व्यावसायिक कौशल विकसित करना चाहते हैं, उनके लिए ये कोर्स व्यावहारिक दक्षता और रोजगार के लिए अवसर प्रदान करते हैं:

- **तकनीकी ट्रेड्स**
  इलेक्ट्रिशियन, मैकेनिक, प्लंबर, वेल्डर, बढ़ई, सोलर तकनीशियन, ड्रोन तकनीशियन, EV तकनीशियन आदि।
- **सूचना प्रौद्योगिकी (IT)**
  कंप्यूटर हार्डवेयर, नेटवर्किंग, वेब डिज़ाइनिंग, सॉटवेयर बेसिक्स आदि।

- **स्वास्थ्य सेवा**
  नर्सिंग असिस्टेंट, फार्मेसी असिस्टेंट, पैरामेडिकल कोर्स आदि।
- **रचनात्मक क्षेत्र**
  ग्राफिक डिज़ाइनिंग, एनीमेशन, फोटोग्राफी, फैशन डिज़ाइनिंग, वीडियो एडिटिंग, ज्वेलरी डिज़ाइनिंग आदि।
- **हॉस्पिटैलिटी**
  होटल प्रबंधन, ट्रैवल एंड टूरिज़्म, बारटेंडर, फिटनेस ट्रेनर, हाउसकीपर, रूम अटेंडेंट, स्पा थेरेपिस्ट आदि।

3. पॉलिटेक्निक और आई.टी.आई. कोर्सेस (Polytechnic and I.T.I. Courses)

पॉलिटेक्निक डिप्लोमा और औद्योगिक प्रशिक्षण संस्थान (I.T.I.) विभिन्न ट्रेड्स में तकनीकी शिक्षा प्रदान करते हैं:

- **पॉलिटेक्निक डिप्लोमा**
  मैकेनिकल, सिविल, इलेक्ट्रिकल, कंप्यूटर, इलेक्ट्रॉनिक्स इंजीनियरिंग आदि।
- **आई.टी.आई. कोर्सेस**
  इलेक्ट्रिशियन, फिटर, वेल्डर, टर्नर, बढ़ई, सोलर तकनीशियन आदि।
  ये कोर्स सामान्यतः 1 से 3 वर्ष की अवधि के होते हैं और छात्रों को रोजगार या उच्च तकनीकी शिक्षा शीघ्र प्रदान करते हैं।

4. अप्रेंटिसशिप और कौशल विकास कार्यक्रम (Apprenticeship and Skill Development Programs)

अप्रेंटिसशिप छात्रों को ऑन–द–जॉब ट्रेनिंग (OJT) के माध्यम से किसी ट्रेड या कौशल को व्यावहारिक रूप से सीखने का अवसर प्रदान करती है। यह रास्ता व्यक्ति को अपना कार्य–अनुभव बढ़ाने और सीधे नौकरी पाने में सहायता करता है।

5. उद्यमिता और स्वरोज़गार (Entrepreneurship and Self & Employment)

कुछ छात्र परिवारिक व्यवसाय या छोटे स्टार्टअप से अपना करियर शुरू करते हैं। उचित मार्गदर्शन और कौशल विकास के साथ, उद्यमिता एक उचित करियर विकल्प बन सकता है।

After Class 10th

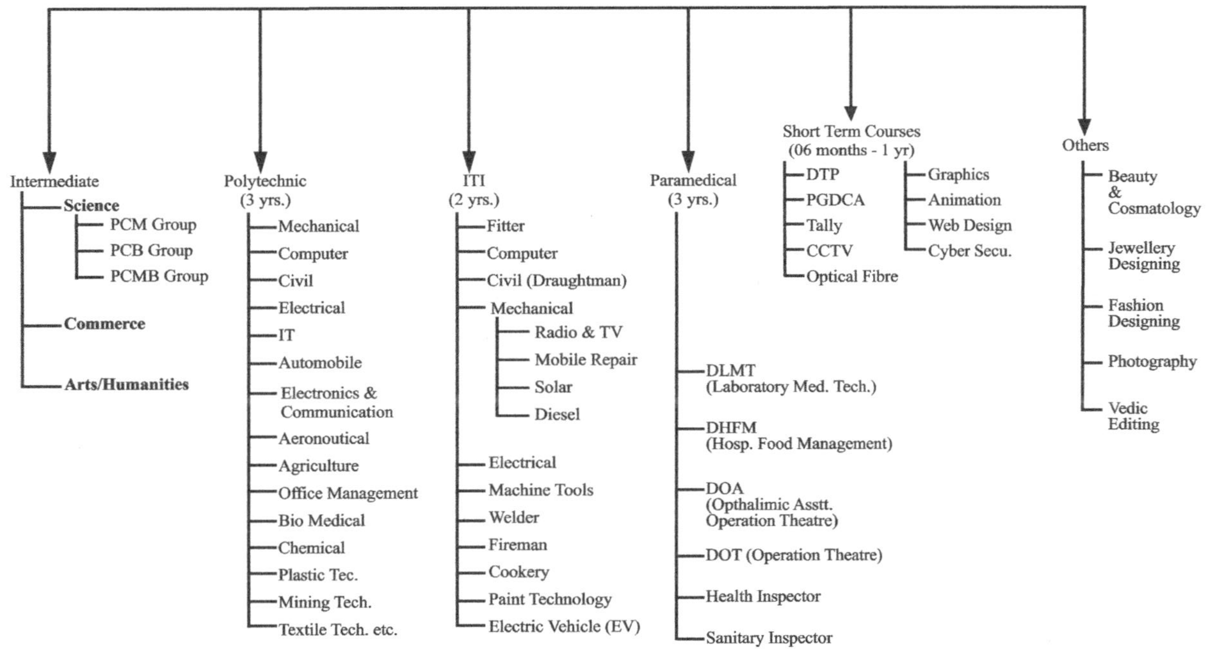

6. कक्षा 12 के बाद करियर विकल्प

छात्र जीवन में 12वीं कक्षा पूरी करना एक महत्वपूर्ण उपलब्धि है, जो कई करियर अवसरों के द्वार खोलती है। 12वीं के बाद सही करियर विकल्प का चुनाव छात्र की स्ट्रीम, रुचियों और दीर्घकालिक लक्ष्यों पर निर्भर करता है। नीचे विभिन्न स्ट्रीम्स के अनुसार प्रमुख करियर विकल्प दिए गए हैं;

1. विज्ञान (Science) स्ट्रीम के बाद करियर विकल्प

जिन छात्रों ने भौतिकी, रसायन, जीवविज्ञान या गणित पढ़ा है, उनके पास कई प्रोफेशनल कोर्स और करियर विकल्प होते हैं–

- **इंजीनियरिंग**
  सिविल, मैकेनिकल, कंप्यूटर साइंस, इलेक्ट्रिकल, केमिकल और अन्य विशेषज्ञ शाखाएं आदि।
- **मेडिकल और संबद्ध स्वास्थ्य सेवाएं**
  MBBS/ BDS/ नर्सिंग, फार्मेसी, फिजियोथेरेपी, बायोटेक्नोलॉजी, माइक्रोबायोलॉजी आदि।
- **प्योर साइंसेज़**
  B.Sc./BS-MS - फिजिक्स, केमिस्ट्री, मैथमेटिक्स, बायोलॉजी, एंवायर्नमेंटल साइंस, एग्रीकल्चर आदि में।
- **सूचना प्रौद्योगिकी (IT)**
  BCA/ B.Sc- डाटा साइंस, आर्टिफिशियल इंटेलिजेंस, मशीन लर्निंग, साइबर सिक्योरिटी आदि में।
- **वास्तुकला (Architecture)**
  B.Arch/ अर्बन प्लानिंग (Urban Planning) आदि।
- **डिफेंस सर्विसेज**
  NDA और तकनीकी एंट्री के माध्यम से सेना में भर्ती।

2. वाणिज्य (Commerce) स्ट्रीम के बाद करियर विकल्प

वाणिज्य के छात्रों के लिए बिजनेस, फाइनेंस और मैनेजमेंट में बेहतरीन अवसर उपलब्ध हैं;

- **प्रोफेशनल कोर्सेस**
  चार्टर्ड अकाउंटेंसी (CA), कंपनी सेक्रेटरी (CS), कॉस्ट एंड मैनेजमेंट अकाउंटेंट (CMA) आदि।
- **बिजनेस और मैनेजमेंट**
  BBA/ B.Com/ BBM और ग्रेजुएशन के बाद MBA आदि।

Class 12th Science (PCB)

Medical Courses (5 Yrs.)

- MBBS (Allopathy)
- BUMS (Unani)
- BHMS (Homeopathy)
- BAMS (Ayurveda)
- BSMS (Siddha)
- BDS (Dental)
- BVSC (Veterinary)

Allied Health Science (3-4 Yrs)

- B. Pharma
- BSc. Nursing
- BOT-Occupational Th
- BPT-Physiotherapy
- BSc.-Anesthesia Tech
- BSc.-Cardic Care Tech
- BSc.-Imaging Tech
- BSc.-Medical Lab Tech
- BSc-Nuclear Med
- BSc-Operation Theater
- BSc.-Optometry
- BSc.-Perfusion Tech
- BSc.-Physician Asstt.
- BSc.-Radiotherapy Tech
- BSc.-Renal Dialysis Tech
- BSc.-Respiratory Care
- BSc.-Audilogy & Speech lap Pathology (BASLP)
- B.Sc. - Clinical Psy.

Paramedical Courses (6 mon-2 yrs.)

- Dialysis Techn.
- Medical Lab & ECG Tech
- Dental Tech.
- Medical Records Tech.
- Xray Tech.
- Opthalmic Assistant
- Operation Theatre Tech.
- Blood Bank Tech.
- Nursing Care Assistant
- Physiotherapy Asstt.
- Emergency Med. Tech.

Basic Science (3-4 Yrs)

- BSc.-Botany/Zoology
- BSc.-Agriculture
- BSc.-Fishery Science
- BSc.- Sericulture
- BSc.-Biotchnology
- BSc.-Homescience
- BSc.-Food Tech.
- BSc.-Forestry
- BSc.-Food Tech.
- BSc.-Forensic Science
- BSc.-Horticulture
- BSc.-Dairy Tech.
- BSc.-Microbiology
- BSc.-Biochemistry
- BSc.-Envt. Science
- BSc.-Geology
- BSc.-Oceanography

Teaching (4-5 Yrs)

1. D.El.Ed. (2 Yrs.)
2. B.El.Ed. (4 Yrs.)
3. BSc., BEd. (ITEP)
4. MSc.Ed
5. BSc. + B.Ed. (5 Yrs.)

Govt. Job

Group C Posts (Via CHSL exam by SSC)

N/B
1. Degree Pgm : 3 / 4 / 5 Yrs
2. Diploma and Certificate Pgm : 6 Mon - 2 Yrs

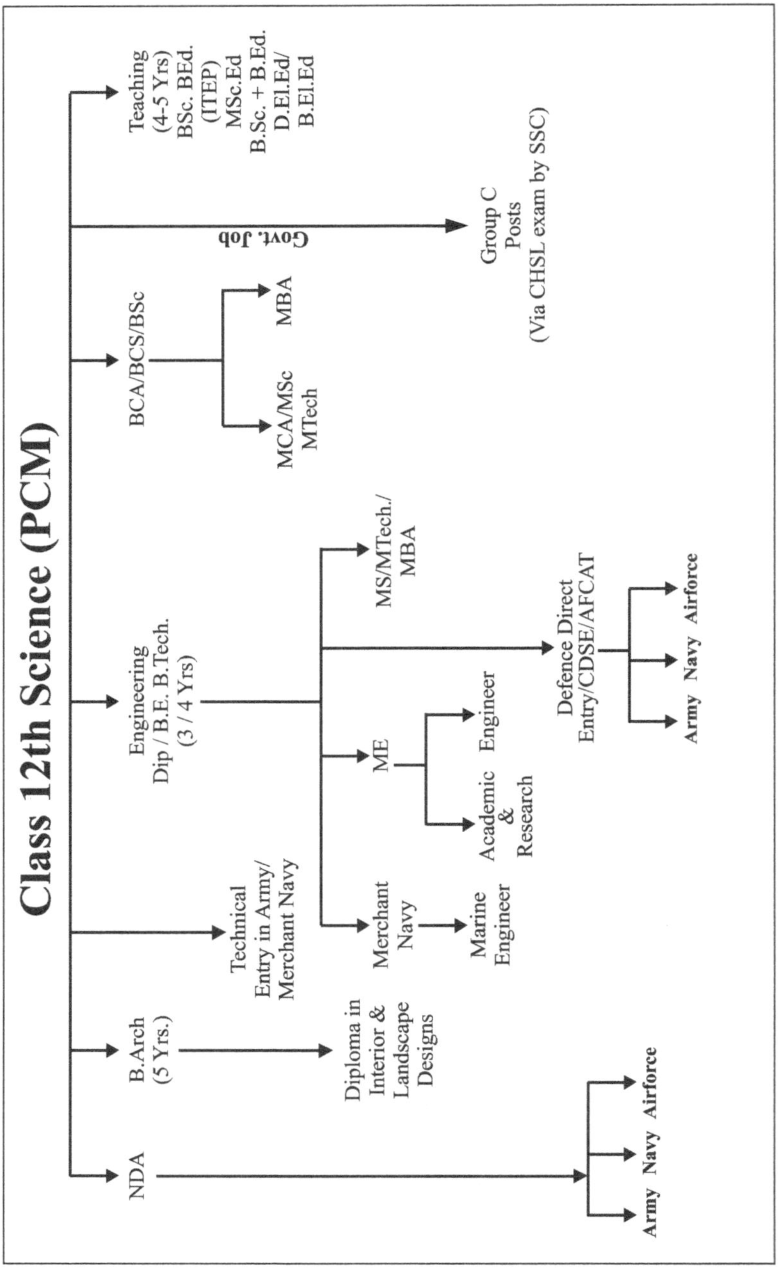
Class 12th Science (PCM)
NDA
Army
Navy
Airforce
B.Arch
(5 Yrs.)
Diploma in
Interior &
Landscape
Designs
Technical
Entry in Army/
Merchant Navy
Engineering
Dip / B.E. B.Tech.
(3 / 4 Yrs)
Merchant
Navy
Marine
Engineer
ME
Academic
&
Research
Engineer
Defence Direct
Entry/CDSE/AFCAT
Army
Navy
Airforce
MS/MTech./
MBA
BCA/BCS/BSc
MCA/MSc
MTech
MBA
Govt. Job
Group C
Posts
(Via CHSL exam by SSC)
Teaching
(4-5 Yrs)
BSc. BEd.
(ITEP)
MSc.Ed
B.Sc. + B.Ed.
D.El.Ed/
B.El.Ed

Class 12th Science (PCMB)

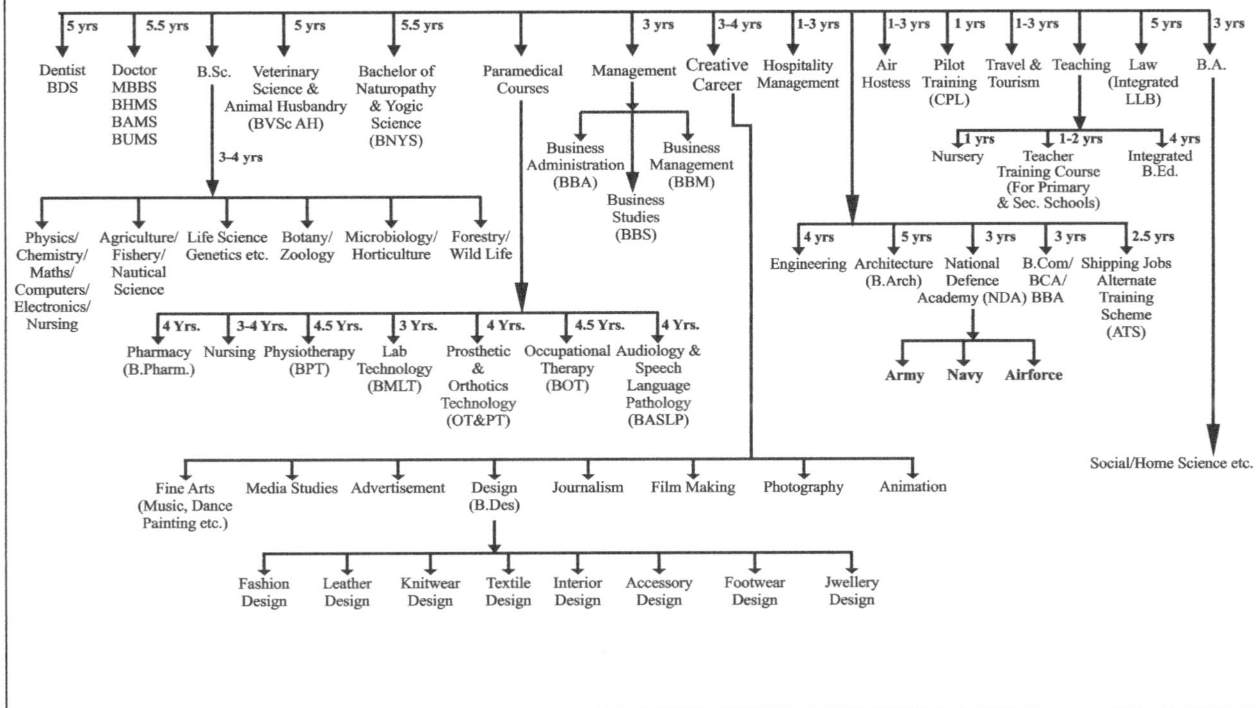

- **बैंकिंग और फाइनेंस**
  इन्वेस्टमेंट बैंकिंग, फाइनेंशियल एनालिसिस, बीमा क्षेत्र आदि।
- **अर्थशास्त्र और सांख्यिकी**
  B.A. इकोनॉमिक्स, डाटा एनालिटिक्स आदि।
- **कानून (Law)**
  ग्रेजुएशन के बाद LLB या इंटीग्रेटेड कोर्स जैसे BBA LLB या B.Com LLB आदि।

3. मानविकी / कला (Humanities/Arts) स्ट्रीम के बाद करियर विकल्प

आर्ट्स स्ट्रीम सामाजिक विज्ञान, रचनात्मक क्षेत्रों और लोक सेवा के लिए कई विकल्प प्रदान करती है;

- **सामाजिक विज्ञान**
  मनोविज्ञान, समाजशास्त्र, राजनीति विज्ञान, इतिहास, भूगोल आदि।
- **कानून**
  LLB और संबंधित पाठ्यक्रम आदि।
- **मास कम्युनिकेशन और पत्रकारिता**
  मीडिया स्टडीज़, विज्ञापन, जनसंपर्क आदि।
- **रचनात्मक कलाएं**
  डिजाइन, फाइन आर्ट्स, फैशन डिजाइन, परफ़ॉर्मिंग आर्ट्स आदि।
- **शिक्षा और सामाजिक सेवा**
  B. Ed, सोशल वर्क, काउंसलिंग आदि।
- **सिविल सेवाएं**
  UPSC और राज्य स्तरीय प्रशासनिक परीक्षाओं (PSC) की तैयारी आदि।

> ''करियर अब सीढ़ियों की तरह नहीं है बल्कि ये अब जी.पी.एस. मार्गो की तरह है। आप कभी भी यूटर्न ले सकते हैं, कभी भी मंजिल बदल सकते हैं या थोड़ी देर के लिए रूक भी सकते हैं। सबसे जरूरी बात यह है कि आप उस दिशा में बढ़े जो आपके लिये उपयुक्त हो।'

Class 12th Commerce

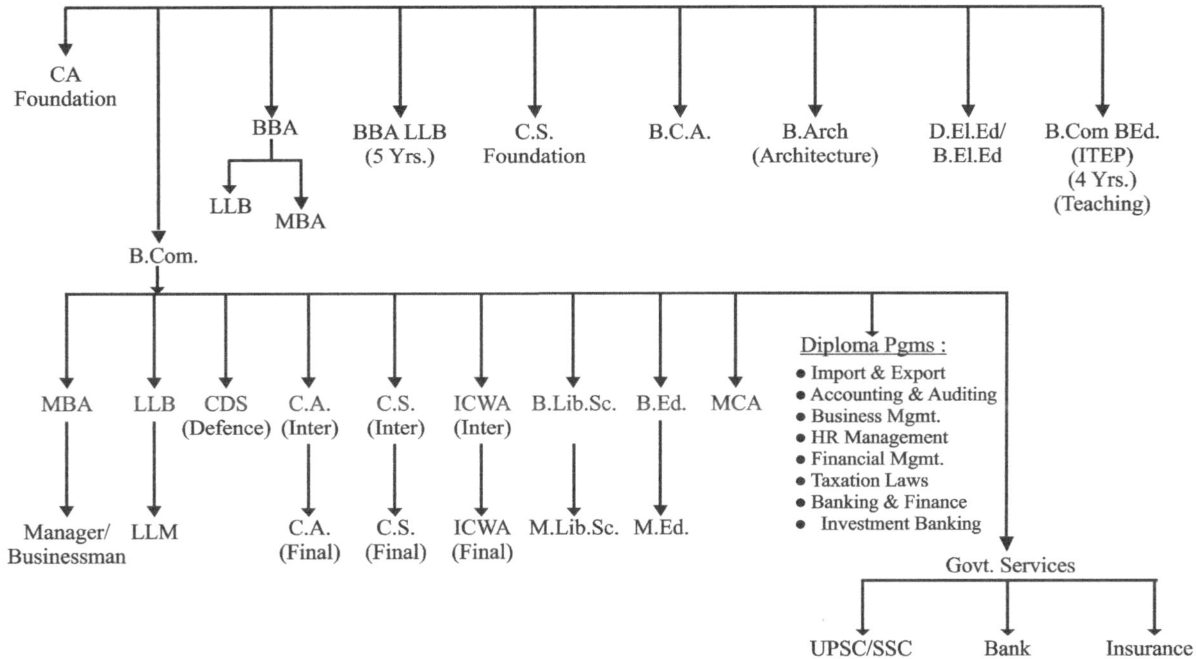

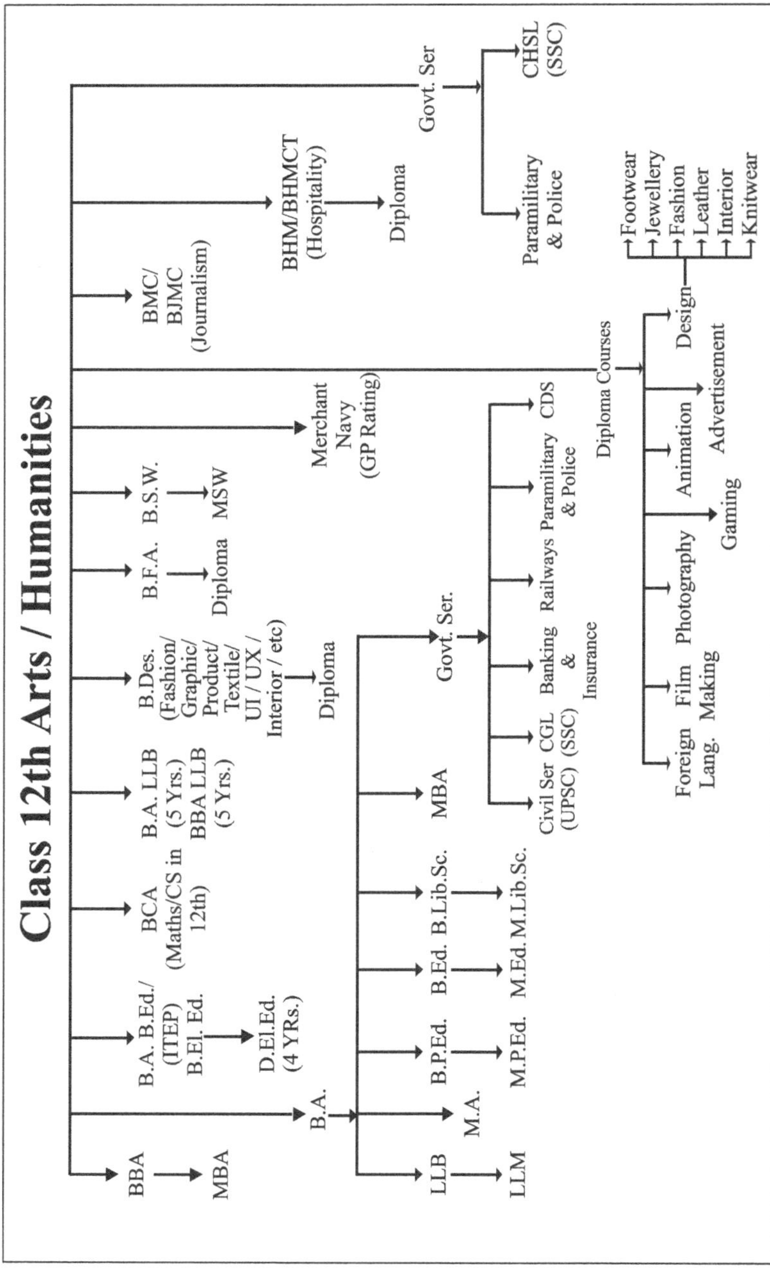
Class 12th Arts / Humanities
BBA
MBA
B.A. B.Ed./ (ITEP) B.El. Ed.
D.El.Ed. (4 YRs.)
BCA (Maths/CS in 12th)
B.A. LLB (5 Yrs.) BBA LLB (5 Yrs.)
B.Des. (Fashion/ Graphic/ Product/ Textile/ UI / UX / Interior / etc)
Diploma
B.F.A.
Diploma
B.S.W.
MSW
Merchant Navy (GP Rating)
BMC/ BJMC (Journalism)
BHM/BHMCT (Hospitality)
Diploma
Govt. Ser
Paramilitary & Police
CHSL (SSC)
B.A.
LLB
LLM
M.A.
B.P.Ed.
M.P.Ed.
B.Ed.
M.Ed.
B.Lib.Sc.
M.Lib.Sc.
MBA
Govt. Ser.
Civil Ser (UPSC)
CGL (SSC)
Banking & Insurance
Railways
Paramilitary & Police
CDS
Diploma Courses
Foreign Lang.
Film Making
Photography
Gaming
Animation
Advertisement
Design
Footwear
Jewellery
Fashion
Leather
Interior
Knitwear

7. कक्षा 12 के बाद करियर विकल्पः सभी स्ट्रीम्स के छात्रों के लिए

अगर आपकी रुचियाँ विज्ञान, वाणिज्य या कला की पारंपरिक श्रेणियों में स्पष्ट रूप से मेल नहीं होतीं, तो चिंता की बात कोई नहीं है। आज कई ऐसे करियर विकल्प उपलब्ध हैं जो किसी भी स्ट्रीम के छात्रों के लिए खुले होते हैं। ये विकल्प किसी विशेष विषय की बाध्यता के बिना आपकी रुचियों को विकसित करने का अवसर प्रदान करते हैं।

1. कानून (Law)

- करियर विकल्पः वकील, कानूनी सलाहकार, कॉर्पोरेट लॉयर, न्यायाधीश, सरकारी वकील आदि।
- कोर्सेसः
  - 3 वर्षीय LLB (स्नातक के बाद)
  - 5 वर्षीय इंटीग्रेटेड कोर्सः B.A. LLB, B.Com LLB, BBA LLB (12वीं के बाद)

2. होटल मैनेजमेंट

- करियर विकल्पः होटल मैनेजर, इवेंट प्लानर, शेफ, टूरिज्म मैनेजर आदि।
- कोर्सेसः
  - बैचलर इन होटल मैनेजमेंट (BHM/BHMCT)
  - हॉस्पिटैलिटी में डिप्लोमा कोर्सेस

3. मास कम्युनिकेशन और पत्रकारिता (Mass Communication & Journalism)

- करियर विकल्पः पत्रकार, कंटेंट राइटर, जनसंपर्क अधिकारी, फिल्म / टीवी निर्माता आदि।
- कोर्सेसः
  - BMC/ BJMC (बैचलर इन मास कम्युनिकेशन / जर्नलिज्म)
  - मीडिया स्टडीज़

4. फैशन डिज़ाइनिंग और फाइन आर्ट्स

- करियर विकल्पः फैशन डिजाइनर, ग्राफिक डिजाइनर, टेक्सटाइल डिजाइनर, इलस्ट्रेटर, एनिमेटर आदि।
- कोर्सेसः
  - बैचलर ऑफ फाइन आर्ट्स (BFA)
  - फैशन डिजाइनिंग में डिप्लोमा

5. कमर्शियल पायलट ट्रेनिंग

- करियर विकल्पः कमर्शियल पायलट, लाइट इंस्ट्रक्टर आदि।
- कोर्सेसः
  - डी.जी.सी.ए. द्वारा मान्यता प्राप्त उड़ान स्कूलों से पायलट प्रशिक्षण

6. इवेंट मैनेजमेंट

- करियर विकल्पः इवेंट प्लानर, वेडिंग प्लानर, कॉर्पोरेट इवेंट मैनेजर आदि।
- कोर्सेसः
  - इवेंट मैनेजमेंट में डिप्लोमा या डिग्री प्रोग्राम

7. डिजिटल मार्केटिंग और आईटी कोर्सेस

- करियर विकल्पः डिजिटल मार्केटर, SEO विशेषज्ञ, सोशल मीडिया मैनेजर, वेब डिजाइनर आदि।
- कोर्सेसः
  - डिजिटल मार्केटिंग, वेब डेवलपमेंट, ग्राफिक डिजाइन में सर्टिफिकेट/डिप्लोमा

8. ट्रैवल एंड टूरिज़्म

- करियर विकल्पः ट्रैवल कंसल्टेंट, टूर ऑपरेटर, एयरलाइन कस्टमर सर्विस आदि।
- कोर्सेसः
  - बैचलर इन टूरिज़्म
  - ट्रैवल मैनेजमेंट में डिप्लोमा

9. शिक्षण

- करियर विकल्पः प्री–स्कूल टीचर, प्राइमरी/सेकेंडरी स्कूल टीचर, स्पेशल एजुकेशन टीचर, कॉलेज आदि।
- कोर्सेसः
  - बी.एड., डी.एल.एड.
  - टी.ई.टी.,/सी.टी.ई.टी.

10. विदेशी भाषाएं (Foreign Languages)

- करियर विकल्पः अनुवादक, इंटरप्रेटर, भाषा शिक्षक, एम्बेसी में डिप्लोमैट, टूर गाइड, सबटाइटलर आदि।
- कोर्सेसः
  - बैचलर इन फॉरेन लैंग्वेज
  - डिप्लोमा/सर्टिफिकेट कोर्सेस इन ट्रांसलेशन एंड लैंग्वेज

8. कक्षा 12 के बाद वोकेशनल और कौशल–आधारित करियर विकल्प

प्रत्येक छात्र पारंपरिक डिग्री नहीं चाहता और यह एक सामान्य बात है। व्यावसायिक और कौशल आधारित करियर उन छात्रों के लिए एक बेहतरीन विकल्प हैं जो प्रैक्टिकल कार्यों में रुचि रखते हैं, जल्दी नौकरी पाना चाहते हैं या किसी खास क्षेत्र में विशेषज्ञता हासिल करना चाहते हैं। ऐसे करियर विकल्प व्यक्ति को इंडस्ट्री की आवश्यक्ताओं के अनुसार विशेष व्यावसायिक कौशल प्रदान करते हैं।

वोकेशनल करियर क्यों चुनें?

- कोर्स को कम अवधि में पूरा करने और शीघ्र रोज़गार पाने हेतु
- प्रैक्टिकल स्किल्स पर फोकस करने और उनका वास्तविक जीवन में उपयोग करने हेतु
- कम लागत में अधिक कमाई की संभावना हेतु
- स्वरोज़गार और उद्यमिता के बेहतरीन अवसर पाने हेतु

लोकप्रिय वोकेशनल और स्किल–बेस्ड करियर के विकल्पः

1. **ग्राफिक डिज़ाइनिंग और वीडियो एडिटिंग**
   - कोर्सेसः ग्राफिक डिज़ाइनिंग, वीडियो एडिटिंग, मल्टीमीडिया सर्टिफिकेट आदि में डिप्लोमा।
   - भूमिकाः ग्राफिक डिज़ाइनर, UI/UX डिज़ाइनर, एनिमेटर आदि।
2. **ब्यूटी और वेलनेस**
   - कोर्सेसः कॉस्मेटोलॉजी, हेयर एंड स्किन केयर आदि में डिप्लोमा।
   - भूमिकाः ब्यूटीशियन, हेयर स्टाइलिस्ट, स्पा थेरेपिस्ट आदि।
3. **होटल और हॉस्पिटैलिटी मैनेजमेंट**
   - कोर्सेसः होटल मैनेजमेंट, फूड प्रोडक्शन, फ्रंट ऑफिस आदि में डिप्लोमा।
   - भूमिकाः शेफ, होटल मैनेजर, इवेंट कोऑर्डिनेटर, बारटेंडर आदि।
4. **फैशन डिज़ाइनिंग**
   - कोर्सेसः फैशन टेक्नोलॉजी, अपैरल डिज़ाइन आदि में डिप्लोमा।
   - भूमिकाः फैशन डिज़ाइनर, बुटीक मालिक, स्टाइलिस्ट आदि।

5. डिजिटल मार्केटिंग

- कोर्सेसः SEO/सोशल मीडिया मार्केटिंग, गूगल ऐड्स आदि में सार्टिफिकेट।
- भूमिकाः डिजिटल मार्केटर, कंटेंट स्ट्रैटेजिस्ट, फ्रीलांस कंसल्टेंट आदि।

6. ऑटोमोबाइल टेक्नीशियन

- कोर्सेसः I.T.I. मोटर मेकैनिक, डिप्लोमा इन ऑटोमोबाइल इंजीनियरिंग आदि में।
- भूमिका : मेकैनिक, सर्विस एडवाइज़र, वर्कशॉप मैनेजर आदि।

7. फ़ोटोग्राफ़ी और वीडियोग्राफ़ी

- कोर्सेसः फ़ोटोग्राफ़ी, फ़िल्म एडिटिंग आदि में सार्टिफिकेट।
- भूमिका : फ़ोटोग्राफ़र, वीडियोग्राफ़र, कंटेंट क्रिएटर आदि।

8. हेल्थकेयर टेक्नीशियन

- कोर्सेसः मेडिकल लैब टेक्नोलॉजी, एक्स–रे टेक्नीशियन आदि में डिप्लोमा।
- भूमिकाः लैब टेक्नीशियन, रेडियोलॉजी असिस्टेंट, लीबोटोमिस्ट आदि।

9. इलेक्ट्रीशियन और फिटर ट्रेड्स

- कोर्सेसः ITI इलेक्ट्रीशियन, फिटर, वायरमैन आदि में।
- भूमिका : इलेक्ट्रीशियन, टेक्नीशियन, कॉन्ट्रैक्टर आदि।

10. टेक्निकल ट्रेड्स

- कोर्सेसः ITI सोलर सेल, इलेक्ट्रिक व्हीकल, ड्रोन टेक्नोलॉजी आदि में।
- भूमिकाः सोलर टेक्नीशियन, ईवी टेक्नीशियन, ड्रोन टेक्नीशियन आदि।

11. कुकिंग और कुकरी आर्ट्स

- कोर्सेसः बेकरी, कुकिंग, फूड एंड बेवरेज सर्विस आदि में सार्टिफिकेट।
- भूमिकाः शेफ, बेकर, किचन असिस्टेंट आदि।

9. कक्षा 12 के बाद महत्वपूर्ण प्रवेश परीक्षाएं

कक्षा 12 उत्तीर्ण करने के पश्चात्, विभिन्न प्रवेश परीक्षाएं छात्रों के लिए करियर की दिशा तय करने में एक महत्वपूर्ण भूमिका निभाती हैं। भारत में मेडिकल, इंजीनियरिंग, लॉ, डिजाइन या सामान्य स्नातक कोर्स आदि के टॉप कॉलेजों में विभिन्न प्रतिस्पर्धी परीक्षाएं प्रवेश लेने का अवसर प्रदान करती हैं।

मेडिकल और हेल्थ साइंसेज के लिए प्रवेश परीक्षाएं

- NEET (National Eligibility cum Entrance Test)
  - कोर्स: MBBS/ BDS/BAMS/ BHMS/B.Sc. Nursing आदि।
  - संस्थान: NTA (राष्ट्रीय परीक्षा एजेंसी)

इंजीनियरिंग और आर्किटेक्चर के लिए प्रवेश परीक्षाएं

- JEE Main और JEE Advanced
  - कोर्स: B.Tech/ B.E./ B. Arch आदि।
  - संस्थान: NTA और IITs
- BITSAT
  - कोर्स: इंजीनियरिंग कोर्सेस
  - संस्थान: BITS पिलानी (पिलानी, गोवा, हैदराबाद कैंपस)
- VITEEE/ SRMJEEE/ MET
  - कोर्स: निजी विश्वविद्यालयों में B.Tech.
  - संस्थान: VIT, SRM मणिपाल

कला, कॉमर्स, बिज़नेस और मैनेजमेंट के लिए

- CUET (Common University Entrance Test)
  - कोर्स: BA/ B.Com/B. Sc/ BBA जैसे कोर्सेस
  - संस्थान: केंद्रीय विश्वविद्यालय
- IPMAT (IIM Indore & Rohtak)
  - कोर्स: 5 वर्षीय एकीकृत प्रबंधन कार्यक्रम (BBA/MBA)
- SET (Symbiosis Entrance Test)
  - कोर्स: बिजनेस, मीडिया, लॉ आदि कोर्सेस के लिए

कानून (Law) के लिए प्रवेश परीक्षाएं

- CLAT (Common Law Admission Test)

    - कोर्स: 5 वर्षीय एकीकृत लॉ कोर्स (BALLB/ BBALLB) आदि।
    - संस्थान: नेशनल लॉ यूनिवर्सिटीज़ (NLUs)
- AILET/ SLAT/ LSAT India
    - कोर्स: निजी लॉ कॉलेजों के लिए
    - संस्थान: NLU दिल्ली, सिम्बायोसिस, जिंदल आदि

डिज़ाइन, फैशन और फाइन आर्ट्स

- NIFT प्रवेश परीक्षा
    - कोर्स: फैशन डिजाइनिंग, फैशन कम्युनिकेशन, टेक्सटाइल डिज़ाइन आदि
- NID DAT (Design Aptitude Test)
    - कोर्स: प्रोडक्ट डिज़ाइन, ग्राफिक डिज़ाइन, एनिमेशन आदि
- UCEED & CEED
    - कोर्स: IITs के डिज़ाइन प्रोग्राम के लिए

अन्य प्रमुख परीक्षाएं

- NDA (National Defence Academy)
    - कोर्स: भारतीय सेना, नौसेना, वायुसेना में अधिकारी बनने हेतु
- NCHMCT JEE (Hotel Management)
    - कोर्स: B.Sc. इन हॉस्पिटैलिटी एंड होटल एडमिनिस्ट्रेशन
- DGCA CPL Exam (Commercial Pilot)
    - कोर्स: कमर्शियल पायलट लाइसेंस के लिए

> "जिस तरह एक बीज को पेड़ बनने के लिए अंधेरे मिट्टी में संघर्ष करना पड़ता है, वैसे ही इंसान को भी अपने भीतर की संभावनाओं को पहचानने के लिए कठिनाईयों से गुजरना पड़ता है। सफलता कोई संयोग नहीं, बल्कि निरंतर प्रयास, विश्वास और आत्म अनुशासन का परिणाम होती है।"

Important Examinations After Class 12th – At a Glance

S. No.	Exam Name	Course / Purpose	Min. Age / Attempts	Course Duration	Eligibility	Official Website
1.	CUET UG	Central University UG	No age limit	3+ years	10+2 pass	www.cuet.samarth.ac.in
2.	JEE Main	B.E./B. Tech, B. Arch, B. Planning	No age limit; 6 attempts	4–5 years	10+2 with PCM, ≥75%	www.jeemain.nta.nic.in
3.	JEE Adv.	B. Tech at IITs	JEE Main qualification; 2 attempts	4 years	JEE Main qualification	www.jeeadv.ac.in
4.	IISER Apt. Test	BS-MS Dual Degree	No age limit	5 years	10+2 with PCM/PCB	www.iiseradmission.in
5.	NEST	5-Year Integrated M.Sc.	No age limit	5 years	10+2 with PCMB	www.nestexam.in
6.	NEET-UG	MBBS, BDS, AYUSH	≥17 years	5 years	10+2 with PCB & English	www.neet.nta.nic.in
7.	AFMC	Armed Forces Medical College	≥17 years	5 years	10+2 PCB	www.afmc.nic.in
8.	UKSNPEE	Nursing and paramedical in Uttarakhand	≥17 years	3-4 years	10+2 with PCB	www.hnbumu.ac.in/
9.	Banasthali Vidyapith	Girls only UG/PG	Girls only	Varies	10+2	www.banasthali.org
10.	GBPUAT Entrance Exam	Admission to Agriculture, Tech., Vet. Sc., etc.	≥17 years	4 years	10+2 with PCB/PCM	www.gbpuat.org.in/
11.	ICAR AIEEA UG	Agriculture & Allied	No age limit	4 years	10+2 with PCB/PCM	www.icar.nta.nic.in
12.	NDA & NA	Defense (Army/Navy/AF)	16.5–19.5 yrs	3 years + training	10+2 pass	www.upsc.gov.in
13.	AFCAT	Indian Air Force Officer	20–24 yrs	20 yrs	10+2 pass & Grad	www.afcat.cdac.in
14.	IMU CET	Marine/ Shipping Courses	No age limit	3–4 years	10+2 PCM/PCB	www.imu.edu.in
15.	Indian Navy Sailor Entry	Basic Naval Training	No age limit	24 weeks + training	10+2 with PCM/PCB/CS	www.joinindiannavy.gov.in
16.	Indian Army TES	Technical Army Entry	No age limit	Training based	10+2 PCM	www.joinindianarmy.nic.in
17.	NCHMCT JEE	Hotel Management	No age limit	3 years	10+2 pass	www.nchmjee.nta.nic.in
18.	NATA	B. Arch	No age limit	5 years	10+2 with PCM	www.nata.in
19.	CLAT	BA LLB, BBA LLB	No age limit	5 years	10+2 with ≥45%	www.consortiumofnlus.ac.in
20.	AILET	BA LLB (NLU Delhi), LLM, PhD	No age limit	5 years	10+2 or equivalent	www.nludelhi.ac.in
21	NID DAT	B.Des (NID campuses)	No age limit	4 years	10+2	www.admissions.nid.edu
22.	CEED	M. Des (PG)	No age limit	2 years	UG Degree	www.ceed.iitb.ac.in

23.	NIFT Entrance	Design, Fashion Tech	No age limit	4 years	10+2 or above	www.nift.ac.in/
24.	UCEED	B.Des (IIT Bombay)	No age limit	4 years	10+2 pass	uceed.iitb.ac.in
25.	BITSAT	B. Tech/B. Pharm (BITS Pilani)	No age limit	4 years	PCM ≥75%	www.bitsadmission.com
26.	VITEEE	B. Tech (VIT)	No age limit	4 years	PCM or PCB ≥60%	www.viteee.vit.ac.in
27.	SRMJEEE	B. Tech (SRMIST)	No age limit	4 years	PCM pass	www.srmist.edu.in
28.	COMEDK UGET	B.E./B. Tech in Karnataka	No age limit	4 years	10+2 PCM	www.comedk.org
29.	IPMAT	Integrated Mgmt (IIM)	No age limit	5 years	10+2 pass	www.iimidr.ac.in
30.	SPJAT	BBA / Mgmt.	No age limit	3 years	10+2 pass	www.spjain.org
31.	FTII Entrance	Film & TV Courses	18+ yrs	Varies	10+2 pass	www.ftii.ac.in
32.	ISI Admission	B.Stat/B.Math	No age limit	3 years	10+2 with Maths	www.isical.ac.in/index.php
33.	IGRUA CPL	Commercial Pilot License	No age limit	Varies	10+2 with PCM	www.igrua.gov.in
34.	FDDI Entrance	Footwear/ Leather Design	No age limit	Varies	10+2 pass	www.fddiindia.com

10. कक्षा 12 के बाद विदेश में पढ़ाईः अवसर और आवश्यकताएँ

कक्षा 12 के बाद विदेश में पढ़ाई करना आज के युवाओं के लिए एक लोकप्रिय और फायदेमंद विकल्प बन गया है। यह न सिर्फ वैश्विक अनुभव प्रदान करता है, बल्कि उच्च गुणवत्ता की शिक्षा और बेहतर करियर संभावनाओं के लिए भी रास्ते खोलता है। अंतरराष्ट्रीय विश्वविद्यालय विज्ञान, व्यवसाय (Business), कला, इंजीनियरिंग, डिज़ाइन, चिकित्सा आदि जैसे क्षेत्रों में अनेक स्नातक पाठ्यक्रम प्रदान करते हैं।

(अ) कक्षा 12 के बाद उपलब्ध अवसर–

1. प्रमुख अध्ययन स्थल व उनकी विशेषताएं–

- अमेरिका (USA) : मुख्य विषय और वैकल्पिक विषय चुनने में सुविधाजनक
- यूके (UK) : विश्व–स्तरीय विश्वविद्यालय, कम अवधि के कोर्स
- कनाडा : कम लागत की शिक्षा, काम के अनुकूल स्टूडेंट वीजा नीति
- ऑस्ट्रेलिया : मजबूत अकादमिक सहायता, शिक्षा प्राप्ति के उपरांत नौकरी के अवसर
- जर्मनी : सार्वजनिक विश्वविद्यालयों में कम लागत या निशुल्क शिक्षा
- न्यूज़ीलैंड, फ्रांस, सिंगापुर, आयरलैंडः उच्च शिक्षा के क्षेत्र में तेजी से लोकप्रिय हो रहे देश

2. लोकप्रिय कोर्स

- इंजीनियरिंग, कंप्यूटर साइंस, बिज़नेस मैनेजमेंट, फाइनेंस
- मेडिसिन और जीवन विज्ञान
- आर्ट, डिज़ाइन, आर्किटेक्चर
- ह्यूमैनिटीज, साइकोलॉजी, लॉ
- हॉस्पिटैलिटी, टूरिज़्म, एविएशन

3. विदेश में पढ़ाई के फायदे

- वैश्विक अनुभव और नेटवर्किंग
- उच्च अकादमिक और रिसर्च मानक
- बेहतर जॉब अवसर और इंटर्नशिप
- पढ़ाई के दौरान पार्ट–टाइम काम करने का अवसर

- आत्मनिर्भरता और व्यक्तिगत विकास

(ब) विदेश में पढ़ाई के लिए मूलभूत आवश्यकताएँ

1. शैक्षिणिक योग्यता

- कक्षा 12 उत्तीर्ण (प्रत्येक कोर्स/देश के अनुसार प्रतिशत अलग हो सकता है)

2. भाषा दक्षता

- अंग्रेज़ी–भाषी देशों के लिए: IELTS/TOEFL/PTE परीक्षा उत्तीर्ण
- गैर–अंग्रेज़ी–भाषी देशों के लिए: संबंधित भाषा का मूल ज्ञान (जैसे: जर्मन में 11/12 स्तर)

3. मानकीकृत परीक्षाएं (देश/कोर्स पर आधारित)

- अमेरिका : SAT/ACT
- इंजीनियरिंग/विज्ञानः कुछ विषयों में सब्जेक्ट टेस्ट या फाउंडेशन कोर्स की आवश्यकता हो सकती है
- आर्ट व डिज़ाइनः पोर्टफोलियो की आवश्यकता
- बिज़नेसः कुछ यूजी फाउंडेशन प्रोग्राम्स में GMAT

4. आवेदन सामग्री

- स्टेटमेंट ऑफ परपज़ (SOP), सिफारिश पत्र (LORs), अकादमिक ट्रांसक्रिप्ट्स, रिज़्यूमे (CV) एवं वैध पासपोर्ट

5. वीज़ा आवश्यकताएँ

- छात्र वीज़ा हेतु ऐसा आवेदन पत्र जिसमें यह प्रमाणित किया गया हो कि अभ्यर्थी को प्रवेश मिला है, वह आर्थिक रूप से सक्षम है, और वह पढ़ाई पूरी होने पर वापस लौटेगा।
- कुछ देशों में वीज़ा इंटरव्यू भी देना पड़ता है।

6. वित्तीय योजना

- ट्यूशन फीस ₹5 लाख/वर्ष से लेकर ₹30 लाख/वर्ष तक हो सकती है।

- छात्रवृत्ति, अनुदान और वित्तीय सहायता विकल्प भी उपलब्ध होते हैं।
- वीज़ा आवेदन के लिए विदेश में अपने विभिन्न खर्चों के लिए संचित धनराशि (Reserve Fund) का प्रमाण–पत्र आवश्यक होता है।

नौकरी और करियर में क्या अंतर है ?

नौकरी	करियर
❖ आमतौर पर कुछ ऐसा जो आपको जीविका चलाने के लिए करना पड़ता है।	❖ आमतौर पर कुछ ऐसा जिसे आप अपनी पसंद और उद्देश्य के अनुसार चुनते हैं।
❖ आमतौर पर प्रति घंटा भुगतान किया जाता है।	❖ आमतौर पर वेतन के रूप में भुगतान होता है।
❖ अक्सर बदलाव होता रहता है	❖ बदलाव दीर्घकालिक होता है।
❖ कम या कोई प्रशिक्षण जरूरी नहीं होता।	❖ आमतौर पर उन्नत प्रशिक्षण/डिग्री/ज्ञान की आवश्यकता होती है।
❖ हमेशा सुविधाऐं नहीं मिलतीं।	❖ अक्सर सुविधायें शामिल होती हैं।
❖ आमतौर पर योजना बनाकर नहीं की जाती।	❖ आमतौर पर पूर्व नियोजित और विशेष उद्देश्य से किया जाता है।

11. सरकारी और सिविल सेवा में करियर: कक्षा 12 या ग्रेजुएशन के बाद सार्वजनिक क्षेत्र में अवसर

भारत में सरकारी और सार्वजनिक क्षेत्र की नौकरियाँ लंबे समय से छात्रों की पहली पसंद रही हैं, क्योंकि इनमें स्थिरता, सम्मान, नौकरी की सुरक्षा और देश सेवा के अवसर मिलते हैं। सिविल सेवाओं, सार्वजनिक क्षेत्र की इकाइयों (PSUs), या विभिन्न केंद्रीय और राज्य सरकार के विभागों के माध्यम से ये नौकरियाँ एक सार्थक करियर और दीर्घकालिक सेवा का अवसर प्रदान करती हैं।

सरकारी नौकरी क्यों चुनें?

- नौकरी की सुरक्षा: आर्थिक उतार–चढ़ाव का कम असर
- सम्मान और प्रतिष्ठा: खासकर सिविल सेवा और रक्षा क्षेत्र में
- कार्य–जीवन संतुलन: अधिकांश विभागों में कार्य करने का समय निर्धारित
- सामाजिक प्रभाव: नीतियों के कार्यान्वयन और जन कल्याण में सीधा योगदान
- पेंशन और सुविधाएं: आवास, चिकित्सा, यात्रा और सेवानिवृत्ति लाभ

सिविल सेवा और प्रशासनिक करियर

1. **UPSC** सिविल सेवाएं (IAS, IPS, IFS, IRS आदि)
    - योग्यता: किसी भी विषय में स्नातक
    - भूमिकाएं: नीति निर्माण, प्रशासन, कानून प्रवर्तन, राजस्व सेवा
    - परीक्षा: UPSC CSE (प्रारंभिक, मुख्य, साक्षात्कार)

2. **राज्य लोक सेवा आयोग** (State PCS / PCS- J)
    - राज्य सरकारों द्वारा राज्य स्तरीय प्रशासनिक पदों के लिए
    - पद : SDM, तहसीलदार, न्यायधीश, BDO आदि

3. **भारतीय वन सेवा** (IFS), **इंजीनियरिंग सेवा** (IES), **रक्षा सेवा** (NDA/CDS)
    - विषय पर आधारित, सरकारी सेवाओं हेतु UPSC की विशेष

परीक्षाएँ।

सार्वजनिक क्षेत्र की इकाइयाँ (PSUs)

1. प्रमुख PSUs : ONGC, BHEL, NTPC, GAIL, SAIL, IOCL आदि
   - भूमिकाएं: इंजीनियरिंग, प्रबंधन, लेखा, मानव संसाधन आदि
   - योग्यता: स्नातक; तकनीकी पदों के लिए अक्सर GATE स्कोर आवश्यक होता है
2. बैंकिंग क्षेत्र की नौकरियाँ
   - परीक्षाएं: IBPS PO / Clerk, SBI PO / Clerk, RBI Grade B
   - पद : बैंक अधिकारी, लेखा परीक्षक, प्रबंधक
3. रेलवे नौकरियाँ (RRB)
   - आयोजक: रेलवे भर्ती बोर्ड (RRB)
   - पद: तकनीशियन, TTE, स्टेशन मास्टर, JE / SE, प्रशासनिक स्टाफ आदि।
4. कर्मचारी चयन आयोग (SSC)
   - परीक्षाएं : SSC CGL, CHSL, MTS, JE, स्टेनोग्राफर आदि।
   - पद: केंद्र सरकार में क्लर्क, सहायक, निरीक्षक, ऑडिटर आदि के पदों हेतु।

रक्षा और सुरक्षा सेवाएँ

1. राष्ट्रीय रक्षा अकादमी (NDA) कक्षा 12 के बाद
   - भारतीय सेना, नौसेना या वायुसेना में अधिकारी के रूप में सम्मिलित होने का अवसर
   - आयोजक: UPSC
2. संयुक्त रक्षा सेवा परीक्षा (CDS), स्नातक के बाद
   - IMA, OTA, INA, AFA में प्रवेश
3. अन्य बल: BSF, CRPF, CISF, ITBP, असम राइफल्स, कोस्ट गार्ड
   - भर्ती CAPF, SSC GD या संबंधित बोर्डों के माध्यम से

अन्य सरकारी करियर विकल्प

- शिक्षण नौकरियाँ: KVS/NVS भर्ती
- बीमा क्षेत्र: LIC, NIACL (LIC AAO परीक्षा के माध्यम से)
- डाक सेवाएँ: इंडिया पोस्ट GDS– पोस्टल असिस्टेंट परीक्षा के माध्यम से।

- न्यायिक / कानूनी सेवाएँ: निचली न्यायपालिका परीक्षाएँ (LLB के बाद)
- नगर निगम: शहरी योजना, क्लेरिकल, इंजीनियरिंग पद

कैसे करें तैयारी?

- UPSC/ SSC/ IBPS आदि की वेबसाइट्स से परीक्षा की सूचनाओं पर नजर रखें।
- सामान्य ज्ञान, तर्कशक्ति, गणित और संचार कौशल को मज़बूत बनाएं।
- नियमित अभ्यास के लिए कोचिंग संस्थान, ऑनलाइन प्लेटफ़ॉर्म और मॉक टेस्ट का उपयोग करें।

❖ वर्ष 2030 तक भारत को विभिन्न क्षेत्रों में 25 करोड़ से अधिक कुशल कार्यकर्ताओं की आवश्यकता होगी।

(स्त्रोत : कौशल विकास एवं उद्यमिता मंत्रालय)

❖ भारत में 60 प्रतिशत से अधिक युवा यू.पी.एस.सी., नीट और जे.ई.ई. के अलावा अन्य सरकारी परीक्षाओं के बारे में नहीं जाते हैं।

(स्त्रोत : नेशनल करियर सर्विस)

❖ यूनिसेफ और नीति आयोग की रिपोर्ट बताती है कि सही करियर गाइडेंस से 40 प्रतिशत तक बेरोज़गारी दर कम हो सकती है।

12. दसवीं या बारहवीं कक्षा के बाद उद्यमिता में करियर (विचारों को करियर में परिवर्तित करना)

वो दौर पीछे छूट चुका है जब करियर बनाने के लिए सिर्फ डिग्री और नौकरी ही जरूरी माने जाते थे। आज के समय में उद्यमिता (Entrepreneurship) एक रोमांचक रास्ता बन गया है, जिसे कई युवा छात्र – यहाँ तक कि 10वीं या 12वीं कक्षा के तुरंत बाद – चुन रहे हैं। इंटरनेट, डिजिटल टूल्स और भारत में बढ़ती स्टार्टअप संस्कृति के कारण अब किशोर भी अपने रचनात्मक विचारों को असली व्यवसायों में बदल सकते हैं। चाहे वह यूट्यूब चैनल शुरू करना हो, ऑनलाइन स्टोर खोलना हो या स्थानीय सेवा देना। उद्यमिता छात्रों को जीवन कौशल सिखाती है, आत्मविश्वास बढ़ाती है और साथ ही अपने उत्साह को बनाये रखते हुए कमाई का जरिया भी बनती है।

(अ) 10वीं के बाद उद्यमिता

जो छात्र 10वीं के बाद पढ़ाई के साथ–साथ कुछ व्यवसायिक सोच रखते हैं, वे कम निवेश वाले छोटे पैमाने के व्यापार शुरू कर सकते हैं।

10वीं के बाद बिज़नेस आइडियाज:

- टिफिन सर्विस / होम बेकरी
- यूट्यूब चैनल या इंस्टाग्राम पेज जैसे–हॉबी, शिक्षा, गेमिंग, क्राफ्ट आदि पर।
- हस्तशिल्प और कला उत्पाद . जैसे मोमबत्तियाँ, गहने, पेंटिंग
- छोटे बच्चों को ट्यूशन देना
- मोबाइल रिपेयर / कंप्यूटर सर्विसिंग (शॉर्ट स्किल कोर्स के बाद)
- डिजिटल सेवाएं – जैसे लोगो डिज़ाइन, वीडियो एडिटिंग (ऑनलाइन सीखकर)

उद्यमियों के लिए सहायक कोर्स:

- बिज़नेस की बुनियादी जानकारी (Coursera, Skillshare, YouTube जैसी साइटों से)
- डिजिटल मार्केटिंग, कोडिंग, या ग्राफिक डिज़ाइन
- NSDC या ITI से शॉर्ट वोकेशनल कोर्स
- वित्तीय साक्षरता और संचार कौशल

(ब) कक्षा 12 के बाद उद्यमिता

कक्षा 12 के बाद छात्रों के पास उद्यमिता के लिए अधिक अवसर होते हैं – वे

पूर्णकालिक व्यापार शुरू कर सकते हैं या पढ़ाई के साथ–साथ कोई व्यवसाय चला सकते हैं।

कक्षा 12 के बाद बिज़नेस आइडियाज :

- Amazon, Meesho या Shopify पर ई–कॉमर्स स्टोर शुरू करना
- किसी स्थानीय समस्या या ग्लोबल आइडिया पर मोबाइल ऐप या वेबसाइट बनाना
- राइटिंग, डिज़ाइनिंग या कोडिंग में फ्रीलांस सेवाएं देना
- इवेंट प्लानिंग, फोटोग्राफी या वीडियोग्राफी सर्विसेस
- ब्लॉगिंग / एफिलिएट मार्केटिंग
- टैक रिपेयर, फिटनेस ट्रेनिंग, फैशन स्टाइलिंग आदि

ऐसी पढ़ाई जो उद्यमिता को बढ़ावा देती है:

- BBA या B.Com (उद्यमिता फोकस के साथ)
- वोकेशनल डिग्री उद्यमिता मौड्यूल युक्त (जैसे होटल मैनेजमेंट, डिज़ाइन, मार्केटिंग)
- कॉलेजों में मौजूद स्टार्टअप हब या बिज़नेस इनक्यूबेटर से जुड़ें
- Udemy, Coursera, Skill India जैसी साइटों से ऑनलाइन सर्टिफिकेट कोर्स करें

हर युवा उद्यमी को जो कौशल सीखने चाहिए:

- रचनात्मक सोच और समस्या समाधान की क्षमता
- संचार कौशल और ग्राहक सेवा
- डिजिटल मार्केटिंग और ब्रांडिंग
- पैसे का प्रबंधन और बजट बनाना
- समय प्रबंधन और टीमवर्क

13. कुछ उभरते हुए करियर: कक्षा 10 और कक्षा 12 के बाद

जैसे–जैसे दुनिया तकनीक, नवाचार और बदलती जरूरतों के साथ तेज़ी से आगे बढ़ रही है, पारंपरिक क्षेत्रों जैसे इंजीनियरिंग, चिकित्सा और सरकारी नौकरियों से परे नई पीढ़ी के करियर विकल्प सामने आ रहे हैं। ये उभरते करियर कक्षा 10 या कक्षा 12 के तुरंत बाद से ही छात्रों को अपनी रुचियों को खोजने, रचनात्मक रूप से काम करने और भविष्य की नौकरी की दुनिया में अपना स्थान बनाये रखने का अवसर देते हैं।

(अ) कक्षा 10 के बाद उभरते हुए करियर

जो छात्र कक्षा 10 पास कर लेते हैं, वे वोकेशनल कोर्स, सर्टिफिकेशन या इंटर्नशिप के ज़रिए भविष्य–उन्मुख करियर की तैयारी शुरू कर सकते हैं। इन क्षेत्रों में नौकरी और स्व–रोजगार दोनों के अवसर मौजूद हैं।

उपलब्ध करियर विकल्प:

1. **डिजिटल मार्केटिंग असिस्टेंट**
   - SEO, सोशल मीडिया, कंटेंट मार्केटिंग सीखें
   - शॉर्ट–टर्म सर्टिफिकेशन कोर्स करें
2. **ग्राफिक डिज़ाइन / एनीमेशन**
   - लोगो, एनीमेशन और ऑनलाइन कंटेंट बनाएं
   - Canva, Photoshop, Illustrator जैसे टूल्स सीखें
3. **वेब डेवलपमेंट (बेसिक)**
   - HTML, CSS, WordPress के जरिए वेबसाइट बनाना
   - फ्रीलांसर या असिस्टेंट डेवलपर के रूप में काम करें
4. **फोटोग्राफी / वीडियोग्राफी**
   - इवेंट, प्रोडक्ट या सोशल मीडिया का कंटेंट बनाना सीखें
   - Shutterstock, Canva या Fiverr पर बिक्री करें
5. **गेमिंग और ई–स्पोर्ट्स**
   - गेम स्ट्रीमिंग, टूर्नामेंट्स में भाग लें
   - गेम कमेंट्री और वीडियो एडिटिंग सीखें
6. **ब्यूटी, मेकअप और वेलनेस**
   - सैलून में काम करें या फ्रीलांस ब्यूटी सर्विस शुरू करें
   - शॉर्ट वोकेशनल या आई.टी.आई. कोर्स से प्रशिक्षण लें

7. **होम–बेस्ड उद्यमिता**
   - ❖ हस्तशिल्प, बेकरी आइटम, पौधे या हस्तनिर्मित वस्तुएं बेचें
   - ❖ इंस्टाग्राम या स्थानीय बाज़ारों का उपयोग करें

(ब) कक्षा 12 के बाद उभरते हुए करियर

कक्षा 12 के बाद छात्र इन तेज़ी से बढ़ते क्षेत्रों में डिग्री या डिप्लोमा कोर्स चुन सकते हैं। इनमें तकनीक, रचनात्मकता और संवाद कौशल का मेल होता है।

भविष्य–उन्मुख करियर विकल्पः

1. **आर्टिफिशियल इंटेलिजेंस और मशीन लर्निंग**
   - ❖ स्मार्ट सॉफ्टवेयर बनाएं, ऑटोमेशन में काम करें
   - ❖ कोर्सः B.Sc. या B.Tech AI में, ऑनलाइन सर्टिफिकेशनस
2. **डेटा साइंस और एनालिटिक्स**
   - ❖ कंपनियों के लिए ट्रेंड्स (Trends) और डेटा (Data) का विश्लेषण करें
   - ❖ कॉमर्स और साइंस स्ट्रीम दोनों के लिए उपयुक्त
3. **UI/UX डिज़ाइन (यूज़र इंटरफेस और अनुभव)**
   - ❖ ऐप्स, वेबसाइट्स और यूज़र–फ्रेंडली प्लेटफॉर्म डिज़ाइन करें
   - ❖ रचनात्मकता और तकनीक का उपयोग करें
4. **साइबर सुरक्षा (Cybersecurity)**
   - ❖ ऑनलाइन खतरों से बचाव करें, सिस्टम्स (कंप्यूटर) की सुरक्षा करें
   - ❖ कंपनियों और सरकारी विभागों में भारी मांग है
5. **पर्यावरण विज्ञान और सततता (Sustainability)**
   - ❖ जलवायु परिवर्तन, कचरा प्रबंधन और इको–फ्रेंडली उत्पादों पर काम करें
   - ❖ ग्रीन नौकरियों की बढ़ती आवश्यकता
6. **डिजिटल कंटेंट क्रिएशन**
   - ❖ यूट्यूबर, पॉडकास्टर या सोशल मीडिया इन्फलुएंसर बनें
   - ❖ रचनात्मकता, नियमितता और डिजिटल स्किल्स की ज़रूरत है
7. **न्यूट्रिशन और डायटेटिक्स**
   - ❖ लोगों को स्वास्थ्य और भोजन की आदतों पर मार्गदर्शन दें
   - ❖ अस्पतालों, जिम्स या स्वतंत्र रूप (Freelance) से काम कर सकते हैं

8. **इवेंट मैनेजमेंट और हॉस्पिटैलिटी**
   - शादियां, पार्टियां, कॉन्फ्रेंस आयोजित करें या होटल प्रबंधन करें
   - नौकरी और व्यापार दोनों में अवसर हैं

9. **रोबोटिक्स और ऑटोमेशन**
   - मशीनें, रोबोट और फैक्ट्री ऑटोमेशन डिज़ाइन करें
   - तकनीक में रुचि रखने वाले छात्रों के लिए उपयुक्त है

10. **एथिकल हैकिंग / बग बाउंटी**
   - वेबसाइट/सॉफ्टवेयर की सुरक्षा खामियों को ढूंढें और सुधारें
   - तकनीक–प्रेमी युवाओं के बीच इस क्षेत्र में बहुत रुचि है

14. हमारे क्षेत्र में शीर्ष 5 करियर विकल्प

उत्तराखंड राज्य के पर्वतीय क्षेत्रों में, छात्र आमतौर पर ऐसे करियर विकल्पों की तलाश करते हैं जो स्थायी, सम्मानजनक, स्थानीय व्यवसायों (Local Jobs) व सरकारी क्षेत्रों से जुड़े हों। नीचे दिए गए शीर्ष पाँच करियर विकल्प हमारे क्षेत्र में सबसे अधिक व्यावहारिक और लोकप्रिय हैं। ये करियर विकल्प कक्षा 10 या कक्षा 12 के बाद उपलब्ध हैं और इनमें तरक्की, नौकरी की सुरक्षा और सामाजिक सम्मान मिलता है।

1. स्कूल शिक्षक (सरकारी और प्राइवेट)

योग्यता:

- 12वीं (आर्ट्स/साइंस/कॉमर्स) के बाद D.El.Ed. (डिप्लोमा इन एलीमेंट्री एजुकेशन) या स्नातक के बाद B.Ed. करें।
- सरकारी स्कूलों में नौकरी के लिए TET/CTET परीक्षा पास करना जरूरी है।

पथ:

12वीं → D.El.Ed./स्नातक → B.Ed. → TET/CTET → शिक्षक की नौकरी

2. पुलिस कांस्टेबल

योग्यता:

- न्यूनतम शैक्षणिक योग्यता: 10वी या 12वीं कक्षा उत्तीर्ण (राज्यों के अनुसार अलग–अलग मानक)।
- शारीरिक फिटनेस और लिखित परीक्षा अनिवार्य होती है।
- आयु सीमा: 18 से 22 वर्ष के बीच।

पथ:

10वीं/12वीं → पुलिस भर्ती परीक्षा → शारीरिक परीक्षण → चयन → प्रशिक्षण

3. भारतीय सेना (सिपाही / अग्निवीर / GD और तकनीकी पद)

योग्यता:

- पद के अनुसार 10वीं या 12वीं पास होना चाहिए।
- शारीरिक और चिकित्सीय मानकों को पूरा करना जरूरी है।
- आर्मी रैली या ऑनलाइन भर्ती प्रक्रिया में भाग लें।
- आयु सीमा: 16.5 से 17.5 वर्ष के बीच।

पथः

10वीं/12वीं → सेना भर्ती रैली/ऑनलाइन आवेदन → फिजिकल टेस्ट → मेडिकल टेस्ट → लिखित परीक्षा → चयन → प्रशिक्षण

4. ग्रुप 'C' सरकारी नौकरियाँ - UKSSSC (उत्तराखंड सरकार) द्वारा आयोजित

योग्यताः

- पद के अनुसार 10वीं, 12वीं या स्नातक उत्तीर्ण होना चाहिए।
- राज्य सरकार की भर्ती परीक्षाओं में भाग लेना होता है।
- आयु सीमाः पद एवं नियुक्ति की आवश्यकता के अनुसार न्यूनतम आयु 18 से 42 के मध्य की जा सकती है।

पथः

10वीं, 12वीं या स्नातक → सरकारी भर्ती अधिसूचना → लिखित परीक्षा → टाइपिंग/स्किल टेस्ट (यदि लागू हो) → चयन → प्रशिक्षण

5. होटल और हॉस्पिटैलिटी सेक्टर की नौकरियाँ

योग्यताः

- एंट्री-लेवल नौकरियों के लिए 10वीं या 12वीं पास होना पर्याप्त है।
- बेहतर पदों के लिए होटल मैनेजमेंट में डिप्लोमा या शॉर्ट-टर्म कोर्स करें।

लोकप्रिय भूमिकाएंः

- फ्रंट डेस्क स्टाफ
- हाउसकीपिंग
- वेटर
- किचन असिस्टेंट
- शेफ ट्रेनी

पथः

10वीं/12वीं → होटल मैनेजमेंट / डिप्लोमा कोर्स → इंटर्नशिप → होटल/रेस्टोरेंट में नौकरी

15. कक्षा 10वीं और 12वीं के छात्रों के लिए महत्वपूर्ण वेबसाइट्स और ऐप्स

शैक्षिक और लर्निंग प्लेटफॉर्म्स

1. खान अकादमी (वेबसाइट और ऐप)
   - ❖ गणित, विज्ञान, इतिहास, अर्थशास्त्र आदि की निशुल्क अध्ययन सामग्री।
   - ❖ www.khanacademy.org
2. टॉपर (वेबसाइट और ऐप)
   - ❖ अध्ययन सामग्री, मॉक टेस्ट, और संदेह समाधान।
   - ❖ www.toppersnotes.com
3. वेदांतु (वेबसाइट और ऐप)
   - ❖ स्कूल और प्रवेश परीक्षाओं के लिए लाइव ऑनलाइन क्लासेस।
   - ❖ www.vedantu.com
4. पी डब्ल्यू (फिजिक्स वाला) (ऐप और यूट्यूब)
   - ❖ NEET / JEE एवं विज्ञान वर्ग के छात्रों के बीच लोकप्रिय।
   - ❖ www.pw.live
5. अन अकैडमी (वेबसाइट और ऐप)
   - ❖ CBSE, JEE, NEET और अन्य परीक्षाओं के लिए लाइव कोचिंग।
   - ❖ www.unacademy.com
6. मेरिट नेशन (वेबसाइट और ऐप)
   - ❖ CBSE और ICSE के नोट्स, NCERT समाधान, टेस्ट पेपर्स।
   - ❖ www.meritnation.com
7. नेशनल डिजिटल लाइब्रेरी ऑफ इंडिया (NDLI)
   - ❖ मुफ्त किताबें, नोट्स और पेपर्स।
   - ❖ www.ndl.iitkgp.ac.in
8. एम्बाइब (वेबसाइट और ऐप)
   - ❖ JEE / NEET के लिए AI आधारित टेस्ट विश्लेषण और लर्निंग प्लान।
9. डाउटनट (ऐप)
   - ❖ अपने सवाल की फोटो अपलोड करें और स्टेप–बाय–स्टेप हल पाएं।

करियर और साइकोमेट्रिक गाइडेंस प्लेटफॉर्म्स

1. दिशा गाइडेंस एंड काउंसलिंग
   - करियर काउंसलिंग, मूल्यांकन एवं करियर प्लानिंग।
   - www.dishaguidance.com
2. माइंडलर
   - करियर मूल्यांकन, योजना उपकरण (Planning Tools) और विशेषज्ञ मार्गदर्शन।
   - www.mindler.com
3. मैप माय टैलेंट
   - योग्यता और रुचि आधारित करियर मिलान।
   - www.mapmytalent.in
4. इंडियाबिक्स (India Bix)
   - एप्टीट्यूड टेस्ट, इंटरव्यू और लॉजिकल रीजनिंग की प्रैक्टिस।
   - www.indiabix.com
5. माई कैप्टन (My Captain)
   - लेखन, डिज़ाइन और उद्यमिता जैसे रचनात्मक क्षेत्रों में ऑनलाइन मेंटरशिप।
   - www.mycaptain.in

प्रवेश परीक्षा तैयारी प्लेटफॉर्म्स

1. एनटीए (नेशनल टेस्टिंग एजेंसी)
   - JEE, NEET, CUET आदि के लिए आधिकारिक वेबसाइट।
   - www.nta.ac.in
2. एलन डिजिटल (Allen Digital)
   - NEET, JEE, ओलंपियाड्स के लिए कोचिंग कंटेंट।
3. आकाश आई ट्यूटर (Aakash i Tutor)
   - आकाश संस्थान द्वारा NEET और JEE पर केंद्रित लर्निंग प्लेटफॉर्म।
4. एग्ज़ाम फियर (Exam Fear – यूट्यूब और वेबसाइट)
   - निशुल्क विषयवार वीडियो व्याख्यान।
5. टेस्टबुक (Test book - वेबसाइट और ऐप)
   - मॉक टेस्ट, पुराने पेपर और अभ्यास परीक्षाएं।

16. कक्षा 10वीं और 12वीं के छात्रों के लिए शीर्ष छात्रवृत्तियाँ

सरकारी छात्रवृत्तियाँ

1. **नेशनल मीन्स–कम–मेरिट स्कॉलरशिप (NMMS)**
   कक्षा 8–12 के उन छात्रों के लिए जो निम्न–आय वाले परिवारों (₹3.5 लाख / वर्ष से कम) से हैं।
   छात्रवृत्तिः ₹12,000 प्रतिवर्ष
   वेबसाइटः www.scholarships.gov.in

2. **INSPIRE स्कॉलरशिप (भारत सरकार, विज्ञान एवं प्रौद्योगिकी विभाग)**
   कक्षा 12 के शीर्ष 1% मेधावी विज्ञान छात्रों के लिए।
   छात्रवृत्तिः ₹80,000 प्रतिवर्ष
   वेबसाइटः www.online-inspire.gov.in
   (किशोर वैज्ञानिक प्रोत्साहन योजना (KVPY) अब INSPIRE में विलीन)

3. **केंद्रीय क्षेत्र प्लानिंग स्कॉलरशिप (CSSS)–कॉलेज एवं विश्वविद्यालयी छात्रों के लिए**
   कक्षा 12 में 80% अंक और निम्न–आय वाले परिवार के छात्रों के लिए।
   छात्रवृत्तिः ₹10,000–₹20,000 प्रतिवर्ष
   वेबसाइटः www.scholarships.gov.in

4. **राष्ट्रीय प्रतिभा खोज परीक्षा (NTSE) (फिलहाल स्थगित)**
   कक्षा 10 के मेधावी छात्रों के लिए।
   छात्रवृत्तिः ₹1,250–₹2,000 / माह (Ph.D. स्तर तक)
   वेबसाइटः www.ncert.nic.in

5. **पोस्ट मैट्रिक स्कॉलरशिप–अनुसूचित जाति / जनजाति / ओबीसी / अल्पसंख्यक छात्रों के लिए**
   आरक्षित वर्गों के छात्रों के लिए जो कक्षा 10 के बाद पढ़ाई कर रहे हैं।
   छात्रवृत्ति : पूर्ण फीस + भत्ता
   वेबसाइटः www.scholarships.gov.in

6. **मौलाना आज़ाद नेशनल स्कॉलरशिप (अल्पसंख्यक लड़कियों के लिए)**
   कक्षा 9–12 की अल्पसंख्यक समुदाय की लड़कियों के लिए।

छात्रवृत्तिः ₹12,000 / वर्ष
वेबसाइटः www.minorityaffairs.gov.in

7. **AICTE सक्षम एवं प्रगति छात्रवृत्ति**
तकनीकी क्षेत्रों में लड़कियों और दिव्यांग छात्रों के लिए।
छात्रवृत्तिः ₹50,000 / वर्ष
वेबसाइटः www.aicte-india.org

निजी / कॉर्पोरेट छात्रवृत्तियाँ

8. **आदित्य बिड़ला स्कॉलरशिप**
कक्षा 11 और आगे के छात्रों के लिए (चयनित स्कूलों के माध्यम से)।
छात्रवृत्ति : ट्यूशन, हॉस्टल और अकादमिक खर्च
वेबसाइटः www.adityabirlascholars.net

9. **HDFC बैंक परिवर्तन ECSS छात्रवृत्ति**
कक्षा 6.12 के मेधावी छात्रों के लिए जो निम्न–आय वाले परिवारों से हैं।
छात्रवृत्तिः ₹15,000–₹75,000 / वर्ष
वेबसाइटः www.hdfcbank.com

10. **सीताराम जिंदल फाउंडेशन स्कॉलरशिप**
कक्षा 6–12 से लेकर स्नातकोत्तर तक के छात्रों के लिए।
छात्रवृत्तिः ₹500–₹3,200 / माह
वेबसाइटः www.sitaramjindalfoundation.org

11. **LIC गोल्डन जुबली स्कॉलरशिप**
आर्थिक रूप से कमजोर वर्गों के छात्रों के लिए।
छात्रवृत्तिः ₹20,000 / वर्ष
वेबसाइटः www.licindia.in

12. **विद्याधन छात्रवृत्ति (सरोजिनी दमोधरन फाउंडेशन)**
कक्षा 10 उत्तीर्ण छात्रों के लिए जो निम्न–आय परिवारों से हैं।
छात्रवृत्तिः ₹10,000–₹60,000 / वर्ष (स्नातक तक)
वेबसाइटः www.vidyadhan.org

13. **ग्लो एंड लवली स्कॉलरशिप (पूर्व में Fair and Lovely)**
कक्षा 12 और उससे ऊपर की छात्राओं के लिए।
छात्रवृत्तिः ₹25,000 / वर्ष तक
वेबसाइटः www.glowandlovelycareers.in

14. लोरियल इंडिया स्कॉलरशिप (साइंस में लड़कियों के लिए)
कक्षा 12 की विज्ञान संकाय की छात्राओं के लिए।
छात्रवृत्तिः ₹2.5 लाख (स्नातक हेतु)
वेबसाइटः www.foryoungwomeninscience.com

15. टाटा कैपिटल पंख छात्रवृत्ति
कक्षा 6–12 और स्नातक के छात्रों के लिए।
छात्रवृत्तिः ट्यूशन फीस का 80% या अधिकतम ₹12,000
वेबसाइटः www.buddy4stud.com

16. कोटक शिक्षा निधि–
COVID–19 में माता–पिता को खो चुके छात्रों के लिए।
छात्रवृत्ति : ट्यूशन + रहने का खर्च
वेबसाइटः www.kotak.com

17. कोलगेट कीप इंडिया स्माइलिंग फाउंडेशन
कक्षा 11 से स्नातक तक के छात्रों के लिए।
छात्रवृत्तिः ₹20,000–₹30,000 / वर्ष
वेबसाइटः www.colgatecares.co.in

संस्थान–विशिष्ट तथा प्रतिस्पर्धात्मक छात्रवृत्तियाँ

18. जिंदल ग्लोबल यूनिवर्सिटी स्कॉलरशिप
कक्षा 12 पास छात्रों के लिए मेरिट और आवश्यकता आधारित सहायता।

19. अशोका यूनिवर्सिटी वित्तीय सहायता
स्नातक छात्रों के लिए आवश्यकता आधारित स्कॉलरशिप।

20. सिंबायोसिस एंट्रेंस टेस्ट (SET) स्कॉलरशिप्स
एंट्रेंस परीक्षा में टॉप करने वाले छात्रों के लिए छात्रवृत्ति।

21. एमिटी यूनिवर्सिटी स्कॉलरशिप्स
कक्षा 12 में 90% से अधिक अंक वाले छात्रों के लिए।

22. अज़ीम प्रेमजी यूनिवर्सिटी स्नातक स्कॉलरशिप्स
परिवार की आय और मेरिट के आधार पर 100% वित्तीय सहायता।

17. करियर से जुड़ी भ्रांतियां और मिथक

एक छात्र द्वारा 10वीं और 12वीं कक्षा के बाद अपने करियर का चुनाव करना उसके जीवन के सबसे महत्वपूर्ण निर्णयों में से एक होता है। दुर्भाग्यवश, कई छात्र करियर से जुड़े मिथकों और भ्रांतियों के जाल में फँस जाते हैं, जो उनके करियर से जुड़े निर्णयों को भटका सकते हैं और उनकी करियर सम्बंधित संभावनाओं को सीमित कर सकते हैं। कई बार ये मान्यताएं समाज में व्याप्त दबाव, जागरूकता के अभाव और परंपरागत अनुभवों से उपजती हैं।

छात्रों को निम्नलिखित सामान्य मिथकों के बारे में जागरूक रहना चाहिएः

(अ) 10वीं के छात्रों में आम करियर मिथक

मिथक 1: साइंस लेने वाले छात्र होशियार होते हैं, आर्ट्स लेने वाले छात्र कमजोर।

वास्तविकता: हर स्ट्रीम की अपनी एक विशेषता होती है। आर्ट्स के छात्र सफल मनोवैज्ञानिक, डिज़ाइनर, सिविल सेवक, पत्रकार आदि बन सकते हैं। जीवन में सफलता छात्र की अपनी रुचि और कौशल पर निर्भर करती है, न कि स्ट्रीम के नाम पर।

मिथक 2: PCM (फिजिक्स, केमिस्ट्री, मैथ्स) लेने से सभी विकल्प खुले रहते हैं।

वास्तविकता: PCM कोई जादुई छड़ी नहीं है। यह तभी लें जब उसमें सच्ची रुचि हो, वरना बाद में तनाव और उलझन हो सकती है।

मिथक 3: करियर का फैसला सिर्फ अंकों के आधार पर करना चाहिए।

वास्तविकता: अंक ज़रूरी हैं, लेकिन दीर्घकालीन सफलता के लिए आपकी रुचि, क्षमता और कार्य के प्रति जुनून ज्यादा मायने रखते हैं।

(ब) 12वीं के छात्रों में आम करियर मिथक

मिथक 1: इंजीनियरिंग या मेडिकल ही सुरक्षित और सम्मानजनक करियर हैं।

वास्तविकता: डिज़ाइन, लॉ, मैनेजमेंट, आर्ट्स, हॉस्पिटैलिटी, IT आदि में भी सैकड़ों अच्छे करियर विकल्प हैं। **"एक ही रास्ता सभी के लिए सही"** . यह सोच गलत है।

मिथक 2: सफल होने के लिए टॉप कॉलेज जाना जरूरी है।

वास्तविकता: कॉलेज का नाम महत्वपूर्ण हो सकता है, लेकिन आपकी मेहनत, नेटवर्किंग और सीखने की क्षमता ज्यादा मायने रखती है। कई सफल लोग छोटे शहरों और साधारण संस्थानों से निकले हैं।

मिथक 3: केवल अच्छे अंकों वाले छात्र ही जीवन में सफल हो सकते हैं।

वास्तविकता: अंक सिर्फ शुरुआत में सहायता करते हैं। असली सफलता रचनात्मकता, संप्रेषण कौशल (Communication Skill), व्यावहारिकता और निरंतर प्रयास से मिलती है।

मिथक 4: एक बार करियर चुन लिया, तो उसे बदल नहीं सकते।

वास्तविकता: कई प्रोफेशनल लोग करियर बदलते हैं, नए स्किल सीखते हैं या कुछ नया शुरू करते हैं। करियर लचीले होते हैं। आप अपना मन कभी भी बदल सकते हैं परन्तु सोच–विचार व विमर्श कर के लिया गया निर्णय समय, धन एवं ऊर्जा की बर्बादी से बचाता है ।

मिथक 5: सरकारी नौकरी ही एकमात्र सुरक्षित करियर विकल्प है।

वास्तविकता: सरकारी नौकरियाँ सुरक्षित होती हैं, लेकिन निजी क्षेत्र, स्टार्टअप्स, फ्रीलांसिंग और उद्यमिता भी आजकल बेहतरीन अवसर उपलब्ध कराते हैं तथा आर्थिक प्रगति भी प्रदान करते हैं।

अक्सर पूछे जाने वाले प्रश्न (एफ.ए.क्यू.)

1. प्रश्न: कक्षा 10 और 12 के बाद करियर प्लानिंग क्यों ज़रूरी है?
उत्तर: करियर प्लानिंग से आप अपनी रुचियों और क्षमताओं को समझ पाते हैं, जिससे आप सही दिशा चुन सकते हैं और आगे भ्रमित होने से बचते हैं। यह पढ़ाई और भविष्य के लिए स्पष्ट मार्ग तय करता है।

2. प्रश्न: कक्षा 10 के बाद सही स्ट्रीम कैसे चुनें?
उत्तर: सर्वप्रथम आप यह सोचें कि आपको कौन–कौन से विषय पसंद हैं और आपका प्रदर्शन किस विषय में सर्वोत्तम है। फिर विभिन्न स्ट्रीम्स से जुड़े करियर विकल्पों का पता लगाएँ और उसके पश्चात् शिक्षकों या करियर काउंसलरों से सलाह लें।

3. प्रश्न: कक्षा 12 के बाद मुख्य करियर स्ट्रीम्स कौन–कौन सी हैं?
उत्तर: कक्षा 12 के बाद मुख्यतः तीन स्ट्रीम होती हैं: विज्ञान (Science), वाणिज्य (Commerce), और कला (Arts)। हर स्ट्रीम में कई विषय और करियर विकल्प होते हैं।

4. प्रश्न: क्या मैं कक्षा 12 के बाद या करियर में कभी भी स्ट्रीम बदल सकता हूँ?
उत्तर: हाँ, बहुत से छात्र स्ट्रीम बदलते हैं या करियर में बदलाव करते हैं। जब भी मन करे, अपने पसंदीदा क्षेत्र की ओर कदम बढ़ाना बिल्कुल सही होता है।

5. प्रश्न: विज्ञान, वाणिज्य और कला के छात्रों के लिए श्रेष्ठ करियर विकल्प क्या हैं?
उत्तर: विज्ञान के छात्र इंजीनियरिंग, मेडिकल या रिसर्च में जाते हैं। वाणिज्य छात्र बिज़नेस, फाइनेंस या लॉ में जा सकते हैं। कला छात्र सामाजिक विज्ञान, मीडिया, डिज़ाइन या सिविल सेवा में जा सकते हैं।

6. प्रश्न: क्या कक्षा 10 या 12 के बाद वोकेशनल कोर्स अच्छे विकल्प हैं?
उत्तर: बिलकुल! वोकेशनल कोर्स व्यावहारिक कौशल सिखाते हैं और अच्छे जॉब या व्यवसाय के अवसर प्रदान करते हैं।

7. प्रश्न: साइकोमेट्रिक टेस्ट करियर चुनने में कैसे सहायता करता है?
उत्तर: ये टेस्ट आपकी रुचि, क्षमता और व्यक्तित्व को समझने में सहायता करते

हैं और उपयुक्त करियर की ओर मार्गदर्शन करते हैं।

8. प्रश्नः आज के छात्रों के लिए उभरते हुए कुछ करियर क्षेत्र कौन–से हैं?

उत्तरः डेटा साइंस, डिजिटल मार्केटिंग, आर्टिफिशियल इंटेलिजेंस, रिन्युएबल एनर्जी, UI/UX, कामर्शियल पायलट और क्रिएटिव आर्ट्स जैसे क्षेत्र तेज़ी से बढ़ रहे हैं।

9. प्रश्नः क्या उद्यमिता (Entrepreneurship) छात्रों के लिए एक अच्छा करियर विकल्प है?

उत्तरः हाँ! अगर आपके पास कोई विचार और मन में उत्साह है, तो आप स्वयं से अपना एक नया रास्ता बना सकते हैं और समस्याओं का समाधान भी कर सकते हैं।

10. प्रश्नः कक्षा 12 के बाद प्रमुख सरकारी नौकरियों के विकल्प कौन–कौन से हैं?

उत्तरः कक्षा 12 के बाद रेलवे, डिफेंस (जैसे NDA), बैंकिंग (क्लर्क स्तर पर कुछ परीक्षाएँ), स्टाफ सेलेक्शन कमीशन (SSC CHSL), और राज्य स्तरीय ग्रुप–सी परीक्षाएँ जैसे विकल्प उपलब्ध हैं।

11. प्रश्नः क्या करियर निर्णय में अंक और ग्रेड्स का महत्व है?

उत्तरः कुछ कोर्स और कॉलेजों के लिए अंक ज़रूरी हैं, लेकिन यही सब कुछ नहीं है। आपकी स्किल्स और रुचियां भी बहुत मायने रखती हैं।

12. प्रश्नः क्या मैं एक से अधिक करियर चुन सकता हूँ या करियर बदल सकता हूँ?

उत्तरः बिलकुल, आप एक से अधिक करियर भी चुन सकते हैं। आज के दौर में बहुत से लोग जीवन में कई बार करियर बदलते हैं।

13. प्रश्नः कक्षा 12 के बाद कौन–कौन से प्रवेश परीक्षा (एंट्रेंस एग्ज़ाम) सबसे अच्छे हैं?

उत्तरः इंजीनियरिंग के लिए JEE, मेडिकल के लिए NEET, लॉ के लिए CLAT, और विभिन्न राज्य व केंद्रीय विश्वविद्यालयी परीक्षाएं जैसे CUET आदि प्रमुख हैं।

14. प्रश्नः कक्षा 12 के बाद विदेश में पढ़ाई कैसे कर सकते हैं? इसके लिए क्या ज़रूरी है?
उत्तरः विदेश में पढ़ाई के लिए, अच्छा अकादमिक रिकॉर्ड, अंग्रेज़ी दक्षता के लिए IELTS/TOEFL जैसे टेस्ट और वीज़ा की स्वीकृति ज़रूरी होती है।

15. प्रश्नः इंटर्नशिप से करियर कैसे बनता है?
उत्तरः इंटर्नशिप कार्य का व्यावहारिक अनुभव देती है, स्किल्स विकसित करती है और आपके रिज़्यूमे को मज़बूत बनाती है।

16. प्रश्नः करियर में सफल होने के लिए कौन–कौन सी स्किल्स ज़रूरी हैं?
उत्तरः संचार कौशल (Communication Skills), समस्या समाधान (Problem Solving), डिजिटल जानकारी (Digital Awareness), टीमवर्क (Team Work), और समय प्रबंधन (Time Management) आवश्यक हैं।

17. प्रश्नः क्या कक्षा 10 और 12 के बाद छात्रवृत्तियाँ उपलब्ध हैं?
उत्तरः हाँ, बहुत सारी छात्रवृत्तियाँ योग्यता या ज़रूरत के आधार पर वित्तीय सहायता उपलब्ध हैं।

18. प्रश्नः करियर तय करते समय तनाव कैसे कम करें?
उत्तरः परिवार, काउंसलर और दोस्तों से बात करें। ध्यान (Meditation) का अभ्यास करें और सकारात्मक सोच अपनाएं।

19. प्रश्नः करियर प्लानिंग में माता–पिता और मेंटर्स की क्या भूमिका होती है?
उत्तरः वे मार्गदर्शन और समर्थन देते हैं, विकल्प दिखाते हैं, लेकिन अंतिम निर्णय आपका ही होना चाहिए।

20. प्रश्नः करियर चुनते समय कार्य के प्रति जुनून और आर्थिक स्थिरता के बीच संतुलन कैसे रखें?
उत्तरः ऐसे करियर खोजें जो आपके जुनून से मेल खाएं और साथ ही अच्छी आय भी दें।

21. प्रश्नः कौन–कौन से ऑनलाइन साधन और ऐप्स करियर की तैयारी में सहायता करते हैं?

उत्तरः Khan Academy, Meritnation, Physics Wala, Unacademy जैसे ऐप्स और nta.ac.in, careerguide.com तथा rojgarresult.com जैसी वेबसाइटें सहायक हैं।

22. प्रश्नः क्या करियर में सफलता के लिए टॉप कॉलेज में ही प्रवेश लेना ज़रूरी है?

उत्तरः हमेशा नहीं। आपकी स्किल्स, सीखने की इच्छा और नेटवर्क कॉलेज के नाम से ज़्यादा मायने रखते हैं।

23. प्रश्नः कुछ आम करियर मिथक कौन–कौन से हैं जिनसे बचना चाहिए?

उत्तरः जैसे "सिर्फ डॉक्टर या इंजीनियर ही सफल होते हैं" या "अंक ही सब कुछ हैं", ये सोच आपके करियर अवसरों को सीमित कर सकती है।

24. प्रश्नः करियर चुनने से पहले अपनी रुचियों और प्रतिभाओं को कैसे जानें?

उत्तरः करियर चुनने से पहले स्वयं से सवाल करें कि आपको क्या करना पसंद है, सह–पाठ्यक्रम गतिविधियों में प्रतिभाग करके, साइकोमेट्रिक टेस्ट के निष्कर्ष के आधार पर तथा करियर काउंसलर से परामर्श करके अपनी रुचियाँ और प्रतिभाओं को पहचान सकते हैं।

25. प्रश्नः अगर करियर विकल्पों को लेकर उलझन या असमंजस हो तो क्या करें?

उत्तरः घबराएं नहीं! करियर काउंसलर, शिक्षक या करियर एक्सपर्ट से मार्गदर्शन लें। समय लें और सीखते रहें।

....

9 788198 849892

Printed at Repro India Ltd.